南社入社書

姓名	吳欽 寄庵
年歲	念二歲
籍貫	金山人
居址	市鎮西朱涇
通訊處	仝上
介紹人	朱俊良
年月日	金蘭畦月 乙卯九

0562. 繆鴻若

0562. 繆鴻若（1889—?），字墨盦，又字默庵，號勿庵，廣東香山（今中山）人。1915年10月1日由蔡哲夫、孫仲瑛、周亮夫介紹入社，入社書編號562。

南社社友錄

南社入社書

姓名	若鴻 繆 又彌刃庵 彌墨盦
年歲	二十七
籍貫	廣東香山縣
居址	香山城
通訊處	香山石岐元利銀號
介紹人	周明 孫璞 蔡哲夫
年月日	民國四年十月一號

0563. 劉超武

0563. 劉超武（1890—？），字漢聲，號甦盦，廣東香山（今中山）人。1915年10月10日由繆鴻若、蔡哲夫、孫仲瑛介紹入社，入社書編號563。

南社社友錄

南社入社書

姓名	劉超武字漢聲號甦盦
年歲	廿六
籍貫	軍籍（當明季從軍南遷）
居址	香山城南區
通訊處	香山石岐民興公司轉
介紹人	深勿庵　蔡守　孫璞
年月日	中華民國四年十月十日

0564. 李錦襄

0564. 李錦襄（1894—？），女，字綺儶，廣東香山（今中山）人。1915年10月10日由繆鴻若、蔡哲夫、孫仲瑛介紹入社，入社書編號564。

南社入社書

姓名	李錦襄字綺儼
年歲	廿二
籍貫	廣東香山縣隆鎮三圖五甲
居址	香山城南區
通訊處	香山石岐民興公司轉
介紹人	梁貝庵 蔡哲夫 孫璸
年月日	中華民國四年十月十日

0565. 莊先識

0565. 莊先識（1882—1965），字士器，又字通不、通百，號恫百，別署感孺、懷疑子，江蘇武進（今常州市武進區）人。1915年10月15日由李叔同介紹入社，入社書編號565。1904年留學日本，入東京弘文學院師範科。1906年在常州創辦第一所女子學校——粹化女學。1908年又創辦第一所學前教育機構——滌氛蒙養院。1953年8月被聘爲上海文史研究館館員。著有《惜日短室文篋》、《知夜長齋詩簡》、《亦聊翏謎宮》、《有性情翏詞篋》、《莊莊詩話》等。

南社社友錄

南社入社書

姓名	莊先識 子 別號懷疑 一字感孺 號桐百 字通百
年歲	三十四
籍貫	江蘇武進 武進縣
居址	城內麻巷十四號 麻巷四
通訊處	小學校設初等院並附 氣蒙養 私立滌 同
介紹人	朱 李
年月日	民國四年拾月十五號

0566. 戴德章

0566.戴德章（1866—？），字皋言，號壺隱，浙江嘉善人。1915年10月15日由李拙介紹入社，入社書編號566。

南社入社書

姓名	戴皋訒 號壺隱 又言 （名惠章）
年歲	五十歲
籍貫	浙江嘉善
居址	嘉善西門內
通訊處	嘉善西門內榆樹下
介紹人	李康獮
年月日	民國四年十月十五日

0567. 謝振南

0567. 謝振南（1891—？），湖北蘄春人。1915年10月20日由何震生介紹入社，入社書編號567。

南社入社書

姓名	謝振南
年歲	年二十五歲
籍貫	湖北省蘄春縣軍籍
居址	蘄春縣策山謝家金堂村
通訊處	(暫時) 爪哇龐胤中華學校 西文 T.H.H.K. Bangil (Java)
介紹人	何震生君
年月日	民國四年十月二十日

南社社友錄

0568. 劉錦江

0568.劉錦江（1898—？），字哲廬，號裴邨，一作裴村，別署苦海餘生、懵懂書生，浙江紹興人。1915年10月由胡寄塵、姚鵷雛介紹入社，入社書編號568。1917年4月在上海創刊《學生週刊》。1918年任《小說俱樂部》編輯。

南社社友錄

南社入社書

姓名	劉裴邨
年歲	十八歲
籍貫	紹興
居址	紹興孫端鄉
通訊處	三馬路進步書局
介紹人	胡安塵 姚鵷雛
年月日	乙卯十月

0569. 朱 璽

0569.朱璽（1897—1921），字鴛雛，號孽兒，別署爾玉、銀簫舊主，江蘇華亭（今上海市松江區）人（原籍蘇州）。1915年11月9日由楊錫章、姚鵷雛、高旭、李拙介紹入社，入社書編號569。著有《鳳子詞》、《斷腸草》、《銀簫集》、《情詩集》、《銀簫遺韻》、《桃李因緣》、《玉樓珠網》、《恬屏泖鏡錄》、《簾外桃花記》、《紅蠶繭集》等。

南社社友錄

南社入社書

姓名	朱璽字駕雛號孼兒
年歲	十八歲
籍貫	江蘇華亭
居址	松江
通訊處	松江東門外
介紹人	楊了公 姚宛若 高天梅 李康鄉
年月日	中華民國甲四年十一月九日

0570. 馬錫純

0570.馬錫純（1871—1929），字東侯，一字東皋，號蒓穎，江蘇泰縣（今泰州市姜堰區）人。1915 年 11 月 21 日由李叔同介紹入社，入社書編號 570。1912 年參加泰州國學研究社。歷任泰縣縣立第一高等小學校長，江蘇省立南京第四師範學校、私立淮東中學、時敏中學教員。著有《南洋勸業會紀要》、《征蘭小志》、《國文範本》等。

南社社友錄

南社入社書	
姓名	純(名) 錫穎(號) 東篪(字) 馬
年歲	四十四
籍貫	泰縣
居址	南京常府街
通訊處	南京省立第四師範
介紹人	李烋同
年月日	四年十一月二十一日

0571. 楊賡笙

0571. 楊賡笙（1869—1955），號咽冰，江西湖口人。1915年11月22日由雷鐵厓介紹入社，入社書編號571。早年參加中國同盟會，後長期擔任孫中山秘書。1913年任江西省議會議員。二次革命時任江西討袁軍總司令部秘書長。1914年7月在日本參加中華革命黨，創辦《光華日報》、《蘇門答臘報》。1926年北伐時任贛軍總司令部秘書長兼參謀長。1927年任江西省民政廳廳長、代省主席。1949年1月組織成立江西和平促進會，任主任委員。

南社入社書

姓名	楊賡笙 號咽冰
年歲	四十六
籍貫	江西省
居址	湖口城內
通訊處	暫由介紹人處
介紹人	雷昭性
年月日	民國四年十一月二十二號

0572. 韓烺

0572. 韓烺（1885—1958），字亮侯，又字亮夫，江蘇泰縣（今泰州市姜堰區）人。1915年11月24日由李叔同介紹入社，入社書編號572。早年留學日本，畢業於東京高等師範學校。回國後歷任泰州中學教員、泰州第一高等小學校長、無錫競志女校教務主任、江蘇省南京金陵道尹公署視學等。1911年創辦泰縣溫知女校。

南社入社書

姓名	韓娘
年歲	三十二歲
籍貫	江蘇泰縣
居址	泰縣城北徐家橋東
通訊處	泰縣溫知女學校 南京金陵道尹公署
介紹人	李息翁
年月日	民國四年十一月二十四日

0573. 韓 棠

0573. 韓棠（1886—1919），字召侯，江蘇泰縣（今泰州市姜堰區）人。1915年11月由李叔同介紹入社，入社書編號573。早年留學日本，畢業於東京明治大學商科。回國後曾任工商部主事、江蘇省將軍府咨議、督軍顧問。著有《英文奇字解》、《英文諺喻解》、《華英商用文》等。

南社社友錄

南社入社書	
姓名	韓棠
年歲	三十歲
籍貫	江蘇泰縣
居址	泰縣北門外 南京石壩街
通訊處	南京石壩街
介紹人	李叔同
年月日	四年十一月

0574. 沈駿聲

0574. 沈駿聲（？—？），浙江紹興人。1915年11月27日由姚鵷雛介紹入社，入社書編號574。

南社入社書

姓名	沈駿聲
年歲	
籍貫	紹興
居址	紹興
通訊處	上海進步書局
介紹人	姚鵷雛
年月日	四年十一月廿七日

0575. 沈達先

0575. 沈達先（？—？），浙江紹興人。1915年11月27日由姚鵷雛介紹入社，入社書編號575。

南社入社書

姓名	沈建先
年歲	
籍貫	紹興
居址	紹興
通訊處	上海□□
介紹人	姚鵷雛
年月日	甲寅年十一月廿七日

0576. 王啟珥

0576.王啟珥(1890—？),字紀宣,湖南醴陵人。1915年11月由傅熊湘、劉約真、王篤朋介紹入社,入社書編號576。

南社入社書

姓名	王啟玶字紀宣
年歲	二十六歲
籍貫	湖南醴陵
居址	本縣南鄉西林
通訊處	現通問處長沙黎家坡官礦經理處
介紹人	傅鈍根 劉釣貞 王祝朋
年月日	四年十一月

0577. 胡熊鍔

0577. 胡熊鍔（1884—1958），號伯孝，廣東順德人。1915年12月6日由蔡哲夫、繆鴻若、孫仲瑛介紹入社，入社書編號577。曾任廣州市教育局督學。20世紀20年代曾參加廣州詩鐘社。新中國成立後受聘爲廣東省文史研究館館員。

南社入社書

姓名	胡熊鍔　號伯孝
年歲	三十二
籍貫	廣東 順德 桂洲
居址	廣東 省城
通訊處	廣州 仙湖街二十七号景日書室
介紹人	蔡瓊 孫仲瑛
年月日	民國四年十二月六号

南社社友錄

0578. 方畬

0578.方畬（1894—？），字偉農，號其汀，浙江鎮海（今寧波市鎮海區）人。1915年12月18日由柳亞子介紹入社，入社書編號578。

南社入社書

姓名	方畲 字偉農 號其汀
年歲	廿二
籍貫	浙江鎮海
居址	寧波鎮北牌门鎮
通訊處	寧波鎮北牌门鎮
介紹人	柳亞子君
年月日	四十六

0579. 戴綬章

0579. 戴綬章（1868—？），號譽侯，戴德章之弟，浙江嘉善人。1915年12月由李拙介紹入社，入社書編號579。

南社社友錄

南社入社書

姓名	戴綬章 號譽侯
年歲	四十八歲
籍貫	浙江省嘉善縣
居址	嘉善城內豐前街
通訊處	仝上
介紹人	李康弼君
年月日	民國四年十二月　日

0580. 孫訥

0580. 孫訥（1897—？），字瀹泉，浙江嘉善人。1915年12月21日由李拙介紹入社，入社書編號580。

南社入社書

姓名	孫訥（滄泉）
年歲	十九
籍貫	浙江嘉善
居址	嘉善城內吳衙前城內武安弄
通訊處	仝上
介紹人	李康卿
年月日	21, 12, 1915

0581. 張錫佩

0581. 張錫佩（1892—1982），字聖瑜，江蘇吳江（今蘇州市吳江區）人。1916年2月由錢祖憲介紹入社，入社書編號581。著有《四十無聞》。

南社入社書

姓名	張錫佩 聖瑜
年歲	二十四歲
籍貫	吳江
居址	吳江城內縣前街
通訊處	吳江縣立第二小學
介紹人	鈕祖憲
年月日	五年七月

0582. 徐 麟

0582.徐麟（1891—1974），字泉孫，亦字泉聲，號麟書，又號芳洲，江蘇吳江（今蘇州市吳江區）人。1916年2月由錢祖憲介紹入社，入社書編號582。早年任教江蘇省立蘇州第一師範學校、吳江縣立第二小學。1926年任南京財政局文牘課長。

南社社友錄

南社入社書

姓名	徐麟 泉孫
年歲	二十五歲
籍貫	吳江同里
居址	同里慎善浜
通訊處	吳江縣立第二小學
介紹人	錢祖憲
年月日	五年六月

0583. 姚肖堯

0583. 姚肖堯（1893—1938），原名朱蘭庵，後入嗣姚家，改名姚聯，字天亶，號民哀，別號肖堯，別署小妖、老匏、花蕚樓主等，江蘇常熟人。1916 年 2 月 1 日由柳亞子介紹入社，入社書編號 583。1909 年參加光復會。1911 年辛亥革命時赴蘇州謁李燮和，被聘爲淞滬光復軍秘書。又參加中華少年社。後任職《小說叢報》社。1921 年協助周劍雲編輯《春聲日報》。1923 年主編《世界小報》。抗戰初期在《國聞週報》發表特寫《義軍寄語》。著有隨筆《息廬叢談》、《南技雜談》、《爪哇雜記》、《說書閑評》、《花蕚樓隨筆》及長篇小說《箬帽山王》、《商婦琵琶記》、《山東響馬傳》、《南北十大奇俠》等。

南社社友錄

南社入社書

姓名	姚㝬堯 民哀
年歲	二十四歲
籍貫	常熟
居址	南門內善祥巷元寶橋堍首一家西南第
通訊處	上海三馬路小說叢報社
介紹人	柳亞子先生
年月日	五年二月一日

0584 卜世藩

0584 卜世藩（1873—？），字芸盦，號韻荃山人，湖南醴陵人。1916年2月26日由傅熊湘介紹入社，入社書編號584。曾在醴陵縣城大文堂書坊供職。

南社入社書

荃山人
亦號韻
字芸盦
卜世藩 四十四歲 湖南醴陵西一區梅縣城大小段文堂書坊

| 姓名年歲 | 籍貫居址 | 通訊處 | 介紹人 | 年月日 |

傅熊湘

六號
二月二十
民國五年

0585. 王　漣

0585 王漣（1887—1946），號詠青，江蘇吳江(今蘇州市吳江區)人。1916年3月由陳洪濤、周雲介紹入社，入社書編號585。

南社入社書

姓名	黃連 字詠青
年歲	卅
籍貫	江蘇吳江
居址	蘆墟 絲恆源
通訊處	中師 王派培 蘆墟
介紹人	陳洪濤 周鴻旭
年月日	丙辰夏曆二月

南社社友錄

0586. 楊貽謀

0586.楊貽謀（1893—？），字少碧，一字少穆，又字孝穆，浙江桐廬人。1916年3月15日由朱鴛雛、楊錫章介紹入社，入社書編號586。

南社入社書

姓名年歲	楊鼎謀　少碧 二十四
籍貫	桐廬
居址	松江
通訊處	松江東門外
介紹人	宋園　楊錫章
年月日	五三十五

0587. 沈鍾英

0587. 沈鍾英（1900—？），字積孫，江蘇吳江(今蘇州市吳江區)人。1916年3月24日由沈志儒介紹入社，入社書編號587。

南社入社書

姓名	沈鍾英 字積孫
年歲	一十七歲
籍貫	江蘇省吳江縣
居址	城內大東門仙里橋西
通訊處	本處
介紹人	沈大椿
年月日	二十一日 曆二月 即舊曆二月廿一號 年三月 磅憲元年三月 狗屁

0588. 金惟弌

0588. 金惟弌（1895—？），字勵孫，一字勵生，號萍影，江蘇金山（今上海市金山區）人。1916年4月1日由沈礪介紹入社，入社書編號588。

南社入社書

姓名	金惟弌 字勵生 別號奔影
年歲	二十二歲
籍貫	江蘇金山縣
居址	金山呂巷鎮東市
通訊處	同上（現暫松江城內普照寺下塘）
介紹人	沈石厲
年月日	中華民國五年四月一日

0589. 孫汝礪

0589.孫汝礪（1888—？），上海人。1916年4月由胡寄塵、趙苕狂介紹入社，入社書編號589。

南社社友錄

南社入社書

姓名	孫汝礌
年歲	二十九
籍貫	江蘇
居址	上海
通訊處	本序 成都路寶裕坊240
介紹人	胡寄塵 趙苕狂
年月日	

南社社友錄

0590. 貢少芹

　　0590. 貢少芹（1879—？），名璧，字少芹，別署天懺，江蘇江都（今揚州市江都區）人。1916年4月20日由胡寄塵介紹入社，入社書編號590。清末主編漢口《中西日報》，並在該報連載其創作的傳奇《蘇臺柳》、《刀環夢》。辛亥革命後與何海鳴合辦《新漢民報》。後到上海，主編《小說新報》，與許指嚴等合編《筆記小說大觀》。曾與兒子芹孫合辦《風人報》。著有《亡國恨傳奇》、《盜花》、《美人劫》、《鴛鴦夢》、《天懺室秘乘》、《八十三日皇帝之趣談》、《復辟之黑幕》、《近五十年見聞錄》、《新社會現形記》等。

南社社友錄

南社入社書

姓名	貢少芹
年歲	三十八歲
籍貫	江蘇江都
居址	上海老垃圾橋貽德里
通訊處	進步書局
介紹人	胡寄塵
年月日	民國五年四月二十日

0591. 彭斠雉

0591. 彭斠雉（1882—？），字鼎芬，湖南湘陰人。1916年4月22日由駱邁南、鄭叔容介紹入社，入社書編號591。

南社社友錄

南社入社書

姓名	彭樹雄 字鼎芬
年歲	三十五歲
籍貫	湘陰
居址	歸義鄉
通訊處	湖南高等師範附屬中學校
介紹人	鄭澤 騎邁南
年月日	民國五年四月二十二日

0592. 夏 雍

0592.夏雍(1895—？)，又名夏維，字秋風，浙江定海(今舟山市定海區)人。1916年4月23日由胡寄塵、姚鵷雛介紹入社，入社書編號592。1914年編輯《新劇雜誌》、1915年主編《戲劇叢報》，其時均以字"秋風"行。1916年兼任上海商務報館編輯。著有《新劇界之對抗力》、《劇史》、《新舊劇之比較觀》、《舊劇與歷史》等。

南社社友錄

南社入社書

姓名	夏雞（秋風）
年歲	二十二歲
籍貫	浙江定海
居址	上海唐家弄震元洋186號
通訊處	上海高橋鎮後或言中州橋（作緘書呼秋風）
介紹人	胡寄塵　林苑鶴
年月日	民國五年肆月二十三日

南社社友錄

0593. 奚囊

0593. 奚囊（1876—1940），字生白，一字申伯，號燕子，別署江南燕子、在林、蓮儂，江蘇南匯（今上海市浦東新區）人。1916年5月4日由張心蕪、姚鵷雛介紹入社，入社書編號593。1914年與戚飯牛合編《銷魂語》月刊。曾參與麗則吟社。1921年任《新世界報》總編輯，並爲《社會日報》撰稿。著有《香雪詞》、《春波池館駢散文》、《燕子吟詩抄》、《逢雲小閣詩話》、《玳梁餘墨》、《江湖技擊傳》、《桐陰續話》等。

南社社友錄

南 社 入 社 書

姓名	奚囊 號競生 別署白甫 江南藝子
年歲	甲○歲
籍貫	江蘇 淮南
居址	浦東 合稼 樓
通訊處	北泥城橋 華昌書
介紹人	張心芸 姚鵷雛
年月日	五年 五月 ○○

0594. 盛昌傑

0594. 盛昌傑（1892—？），號劍星，別署劍星樓主，江蘇南匯（今上海市浦東新區）人。1916年5月4日由楊錫章、姚鵷雛介紹入社，入社書編號594。

南社社友錄

南社入社書

姓名	鐵 別署劍星樓主 馬木 號劍星
年歲	念五歲
籍貫	江蘇南匯
居址	浦東大團鎮
通訊處	仝上
介紹人	楊了公 姚容伯
年月日	五年三月初○日

南社社友錄

0595. 陳 栩

0595. 陳栩（1879—1940），原名壽嵩，字昆叔，後改名栩，字栩園，號蝶僊，別署超然、惜紅生、天虛我生等，浙江杭縣（今杭州）人。1916年5月4日由姚鵷雛介紹入社，入社書編號595。1895年主杭州《大觀報》筆政。1900年出版《淚珠緣》。1902年曾開設石印局。1906年12月在杭州設立著作林社，次年創辦文藝刊物《著作林》月刊（1908年8月遷往上海，12月併入《國聞週報》）。1909年起在紹興、靖江、淮安等縣任幕僚，曾代理鎮海縣知事。1913年在上海與王鈍根合編《遊戲》雜誌，並任《申報·自由談》副刊特約撰述。1914年主編《女子世界》雜誌。1916年任《申報·自由談》副刊主編，並任《禮拜六》週刊編輯。1918年創辦家庭工業社，生產無敵牌（蝴蝶牌）牙粉和化妝品。1930年創刊並主編《上海機製國貨聯合會會刊》。1932年將企業擴大爲股份有限公司，並離開《申報》專營工商實業。著有《淚珠緣》、《柳非煙》、《新淚珠緣》、《嫣紅劫》、《桃源夢》、《續海上花列傳》、《新官場現形記》、《玉田恨史》、《棄兒》、《栩園詩話》、《栩園叢稿》等。

南社社友錄

南社入社書	
姓名	陳蝶僊
年歲	三十八歲
籍貫	浙江杭州
居址	上海西門靜修路二十號
通訊處	仝上
介紹人	姚鵷雛
年月日	五月四日

0596. 李 倫

0596. 李倫（1893—？），字超寡，江蘇崑山人。1916年5月6日由胡惠生、狄君武介紹入社，入社書編號596。

南社入社書

姓名	李倫 字超寰
年歲	二十四
籍貫	江蘇崑山
居址	夏駕橋羅巷
通訊處	夏駕橋鄉經理處
介紹人	胡惠生 狄福鼎
年月日	民國五年五月六日

南社社友錄

0597. 成　平

0597. 成平（1898—1991），原名希箕，別名漢勳，字舍我，別署成則王，外號文頭先生，湖南湘鄉人。1916年5月8日由林景行、葉玉森介紹入社，入社書編號597。辛亥革命後赴瀋陽任《健報》校對及記者。1916年任《民國日報》校對、助理編輯，同時任《太平洋》雜誌助理編輯。1918年考入北京大學國文系，兼任北京《益世報》編輯。後與人合辦《真報》，並在北京大學任教。1924年4月在北京創刊《世界晚報》及副刊《夜光》，1925年創辦《世界日報》及副刊《明珠》，不久出版《世界畫報》。1928年在南京創辦《民生報》。1935年9月在上海創辦小型日報《立報》。1942年出版重慶版《世界日報》。

南社社友錄

南社入社書	
姓名	成含我平
年歲	十九
籍貫	湘鄉
居址	安慶雙井
通訊處	同上
介紹人	林亮奇 葉中冷
年月日	民國三年五月八号

0598. 陸嶠南

0598.陸嶠南（1887—？），字俠飛，號更存，別署玄同居士、都崎山人，一作都嶠山人，廣西容縣人。1916年由高旭、邵瑞彭介紹入社，入社書編號598。

南社社友錄

南社入社書

姓名	陸南字飛號存 嶠原俠近菱
年歲	卅
籍貫	容縣 廣西 原籍
居址	字弓 路六 寶東 現興 寓 室
通訊處	
介紹人	彭 邱瑞 高旭
年月日	

0599. 江瑔

0599.江瑔（1888—？），字玉泉，號山淵，廣東廉江人。1916年5月由胡寄塵介紹入社，入社書編號599。1917年任國會眾議院議員。著有《詩學史》、《旅京一年記》等。

南社社友錄

南社入社書

姓名	江瑔字玉泉一號山淵
年歲	二十九歲
籍貫	廣東廉江縣
居址	上海美租界北河南路錫順里七衖四十八號
通訊處	本埠本寓 廣東廉江縣廣華藥房
介紹人	胡寄塵
年月日	中華民國五年五月

0600. 顧鳴盛

0600.顧鳴盛（1879—？），字叔惠，號濱秋，江蘇無錫人。1916年5月15日由趙苕狂介紹入社，入社書編號600。曾師事丁福保。1904年與李平書、蔡小香創立醫務總會，任《醫學報》主編。1908年主編《上海醫報》。著有《中西合纂驗方新編》、《中西合纂幼科大全》、《中西合纂婦科大全》、《中西合纂外科大全》等。

南社社友錄

南社入社書

姓名	顧鳴盛 叔惠
年歲	三十八歲
籍貫	江蘇無錫縣
居址	上海白克路雲安里1204號
通訊處	進步書局
介紹人	趙雨蒼 即吾狂
年月日	五年五月十五日

0601. 莊　山

0601. 莊山（1877—？），字秋水，江蘇武進(今常州市武進區)人。1916年5月15日由汪文溥介紹入社，入社書編號601。

南社社友錄

南社入社書

姓名	莊山 字秋水
年歲	四十歲
籍貫	江蘇 常州 武進
居址	上海愛藍路三德里六百世七号
通訊處	全上
介紹人	汪蘭皋
年月日	五年五月十五日

0602. 方培良

0602. 方培良（1882—？），字秋士，安徽壽縣人。1916年5月17日由胡樸安介紹入社，入社書編號602。著有《毛詩假借字考》等。

南社入社書

姓名	方培良 秋士
年歲	三十五
籍貫	安徽壽州瓦埠街
居址	瓦埠街
通訊處	上海虹口東有恒路德裕里九百零六
介紹人	胡樸菴
年月日	五年五月十七日

0603. 李國鳳

0603. 李國鳳（1885—？），字少川，安徽合肥人。1916年5月17日由胡樸安介紹入社，入社書編號603。

南社社友錄

南社入社書	
姓名	李國鳳 少川
年歲	三十二
籍貫	安徽合肥
居址	合肥梁園鎮
通訊處	合肥梁園鎮 現上海東横壁禮貌仁華里588
介紹人	胡樸安
年月日	五年五月十七日

0604. 呂壽名

0604. 呂壽名（1873—？），字子虛，浙江嵊縣（今嵊州）人。1916年5月由邢鍾翰介紹入社，入社書編號604。

南社入社書

姓名	呂壽名 字子虛
年歲	四十四
籍貫	浙江嵊縣
居址	嵊縣西鄉砩庒甘霖鎮
通訊處	嵊縣鹿山吟社
介紹人	邢鍾翰
年月日	民國五年五月　日

0605. 趙鏡年

0605.趙鏡年（1875—？），字佩雄，浙江嵊縣(今嵊州)人。1916年5月由邢鍾翰介紹入社，入社書編號605。曾與呂壽名、郭慶嵩等成立"鹿山吟社"。

南社社友錄

南社入社書

姓名	趙鏡年 字佩雄
年歲	四十二
籍貫	浙江嵊縣
居址	嵊縣西鄉甘霖鎮
通訊處	嵊縣鹿山吟社
介紹人	邢鍾翰
年月日	民國五年五月　日

0606. 郭慶嵩

0606. 郭慶嵩（1868—1930），字蘭余，浙江嵊縣(今嵊州)人。1916年5月由邢鍾翰介紹入社，入社書編號606。1913年後任嵊縣縣誌總修纂、縣議會議長。曾組織嵊縣鹿山吟社。

南社入社書	
姓名	郭慶嵩 字蘭畬
年歲	四十八
籍貫	浙江嵊縣
居址	嵊縣西鄉石䃅庄
通訊處	嵊縣鹿山吟社
介紹人	邢鍾翰
年月日	民國五年五月 日

0607. 張 翀

0607.張翀（1888—？），字雲林，號東谷，晚號晚翠老人，江蘇松江（今上海市松江區）人。1916年5月20日由柳亞子、姚鵷雛介紹入社，入社書編號607。

南社入社書

姓名	張雲林 翀
年歲	二十九歲
籍貫	松江
居址	松江南塘
通訊處	松江南塘馬棚鎮
介紹人	柳亞子 姚鵷雛
年月日	民國五年五月二十号

0608. 葉夏聲

0608.葉夏聲（1888—1956），字競生，一字兢生，別號夢生，廣東番禺（今廣州市番禺區）人。1916年5月21日由陳家鼎介紹入社，入社書編號608。1905年加入中國同盟會。曾任香港《廣東日報》、《中國日報》通信記者。後留學日本東京法政大學法律科。辛亥革命後，任廣東都督府參議、教育部部長、司法部部長，南京臨時政府秘書，眾議院議員等。歷任中華革命黨港澳支部部長、南洋各埠特務委員、大元帥府秘書、中華民國軍政府代理內政部次長。著有《革命救亡論》、《國父民初革命紀略》、《葉夏聲抗戰言論集》等。

南社社友錄

南社入社書

姓名	葉夏聲　別號夢生
年歲	二十八歲
籍貫	廣東番禺　祖貫浙江景甯
居址	上海任昌家居法宅康里二十七号
通訊處	仝上
介紹人	陳匋遺
年月日	民國五年三月廿一日

南社社友錄

0609. 聞宥

　　0609. 聞宥（1901—1985），原名世鳳，字子威，號野鶴，又號在宥，別署人鳳，江蘇松江（今上海市松江區）人。1916 年 5 月 23 日由姚鵷雛介紹入社，入社書編號 609。1920 年畢業於松江中學，考入上海震旦大學。1921 年與趙赤羽主編《禮拜花》週刊。曾爲《申報》館見習編輯。後任《民國日報》主筆。1925 年主編《中國畫報》。1926 年入上海商務印書館編譯所任編輯，主編《新文學叢書》。1929 年後任職廣州國立中山大學、北平私立燕京大學、國立山東大學、國立四川大學、國立雲南大學、私立華西協合大學、西南聯大、西南民族學院、中央民族學院等校。著有《四川大學歷史博物館所藏古銅鼓考》、《讀〈爨文叢刻〉兼論爨文之起源》、《中國文字之本質的研究》、《殷墟文字孳乳研究》、《甲骨文地名考》、《甲骨文字中乂文之研究》、《四川漢代畫像選集》等各種學術論著數十種，並著有小說《玄珠》、《補襚案》、《古井波瀾》、《春鶯絮夢錄》、《黿碎春紅記》、《鳩鵲移巢記》、《紅鵑啼血記》等。

南社社友錄

南社入社書

姓名	閔宥 字子咸 號墅雇
年歲	十六
籍貫	江蘇松江
居址	泗涇鎮
通訊處	申報館編輯部
介紹人	姚錫鈞
年月日	民國五年五月二十三日

0610. 杜　衡

0610. 杜衡（1897—？），字維平，廣東香山（今中山）人。1916 年 5 月由雷鐵厓介紹入社，入社書編號 610。

南社社友錄

南社入社書

姓名	杜衡 雛平
年歲	二十
籍貫	廣東香山
居址	新加坡國民日報社
通訊處	大門廈廿一又二号雷昭性交
介紹人	雷昭性
年月日	中華民國五年五月

0611. 倪清如

0611.倪清如（1884—？），女，號水月主人，江蘇崇明（今上海市崇明區）人。1916年由陸曾沂介紹入社，入社書編號611。

南社社友錄

南社入社書

姓名	倪清如 （水月主人）
年歲	三十三歲
籍貫	崇明
居址	海門東鄉
通訊處	久隆鎮尚平女學校
介紹人	陸冠春
年月日	民國五年

0612. 許陶熊

0612. 許陶熊（1889—？），字夢飛，浙江嘉興人。1916年6月1日由譚天介紹入社，入社書編號612。

南社入社書

姓名	許問無
年歲	夢飛 年二十八歲
籍貫	浙江嘉興人
居址	嘉興北門大街許祥和銀樓
通訊處	同上
介紹人	譚天
年月日	民國五年六月一日

0613. 胡承樞

0613. 胡承樞（1890—？），號斗文，浙江嘉善人。1916年6月3日由余十眉、李拙介紹入社，入社書編號613。

南社入社書

姓名	胡承樞 號斗文
年歲	二十七
籍貫	浙江嘉善
居址	嘉善楊廟鎮
通訊處	嘉善楊廟鎮
介紹人	余十眉 李康彌
年月日	六月三日

0614. 于 覺

0614.于覺（？一？），字小川，江蘇丹徒(今鎮江市丹徒區)人。1916年6月4日由葉玉森介紹入社，入社書編號614。

南社社友錄

南社入社書

姓名	于皰 字小川
年歲	
籍貫	江蘇丹徒
居址	
通訊處	鎮江新西門外于園
介紹人	葉中冷
年月日	五年六月四日

0615. 涂開輿

0615. 涂開輿（1890—？），字九衢，湖南長沙人。1916年由李志宏、胡樸安介紹入社，入社書編號615。1919年任新加坡華僑南洋中學第一屆校長。參與組織少年中國學會。1920年初參加由陳獨秀等成立的上海工讀互助團。

南社社友錄

南 社 入 社 書

姓名	梁閱興 九衢
年歲	二十七
籍貫居址	湖南長沙
通訊處	福建石碼縣佐署
介紹人	李志宏 胡樸安
年月日	

0616. 陸明堃

0616. 陸明堃（1887—？），字簡能，江蘇吳江（今蘇州市吳江區）人。1916年6月4日由楊錫章介紹入社，入社書編號616。

南社入社書

姓名	陸筠號明堅
年歲	三十歲
籍貫	吳江
居址	珠寶衖
通訊處	仝
介紹人	楊了公 五六四
年月日	

0617. 鄭 文

0617. 鄭文（1887—？），字織雲，江蘇青浦（今上海市青浦區）人。1916年6月4日由楊錫章介紹入社，入社書編號617。

南社入社書	
姓名	鄭織雲 文
年歲	三十歲
籍貫	吉浦
居址	珠寶里
通訊處	仝上
介紹人	楊了公 五六四
年月日	

0618. 張葆培

0618.張葆培（1877—？），字敬垣，江蘇松江（今上海市松江區）人。1916年6月4日由楊錫章介紹入社，入社書編號618。1921年曾當選爲松江地方自治會眾議員。

南社社友錄

南社入社書

姓　名	張乾垣　葆培
年　歲	四十歲
籍　貫	松江
居　址	天馬山
通訊處	仝上
介紹人	楊了公
年月日	五六〇

南社社友錄

0619. 吳紹裘

0619. 吳紹裘（1887—1928），字鳴岡，江蘇吳江（今蘇州市吳江區）人。1916年6月4日由陳洪濤、黃復介紹入社，入社書編號619。

南社入社書

姓名	吳鳴岡 名紹裘
年歲	三十歲
籍貫	吳江縣
居址	吳江縣城內
通訊處	吳江縣城內 上海大新街滬台旅館轉
介紹人	陳洪濤 黃病蝶
年月日	民國五年六月四日

0620. 錢貞元

0620. 錢貞元（1887—？），字象復，號無我，江蘇常熟人。1916年6月7日由陸曾沂介紹入社，入社書編號620。

南社入社書

姓名	錢貞元 字叔復	別號	無我
年歲	三十		
籍貫	江蘇常熟		
居址	常熟新莊鄉蔣家橋		
通訊處	蘇州鬧金橋巷邪立女子高小校		
介紹人	陸曾沂		
年月日	民國五年六月七日		

0621. 陸棫人

0621. 陸棫人（1898—？），以字行，江蘇海門人。1916 年由陸曾沂介紹入社，入社書編號 621。

南社入社書

姓名	陸械人
年歲	十九
籍貫	海門
居址	東六區富安正
通訊處	仝上
介紹人	陸冠春
年月日	五年

南社社友錄

0622. 蔡樹藼

0622.蔡樹藼(1870—？），字靉棠，號靉裳，江蘇松江（今上海市松江區）人。1916年6月9日由柳亞子、張雲林介紹入社，入社書編號622。

南社入社書

姓名	蔡樹讜号霓裳
年歲	肆拾柒歲
籍貫	松江縣
居址	西河塘
通訊處	松江張堰西河塘
介紹人	柳亞子 張雲林
年月日	民國五年六月九号

0623. 鄭詠梅

0623.鄭詠梅（1895—？），女，號鬘華，浙江平湖人，張翀之妻。1916年6月10日由柳亞子、鄭佩宜介紹入社，入社書編號623。

南社社友錄

南社入社書

姓名	鄭詠梅 又號鬘華
年歲	念二歲
籍貫	浙江平湖
居址	松江南塘馬棚鎮
通訊處	松江南塘懷遠堂
介紹人	柳亞子 鄭佩宜
年月日	民國五年六月十号

0624. 金鴻翔

0624. 金鴻翔（1875—1946），原名玉菡，字兆藁，江蘇高郵人。1916年6月由曹鳳儀介紹入社，入社書編號624。民初曾在高郵臨澤鎮郵政局供職。後任高郵蕭陵鄉議會議長、第四學區學董等職。

南社入社書

姓名	金鴻翔字兆葉
年歲	四十一歲
籍貫	江蘇高郵
居址	高郵臨澤鎮
通訊處	高郵臨澤鎮郵政局
介紹人	曹翷廷
年月日	民國五年六月

0625. 曹祖彬

0625.曹祖彬（1885—？），又名祖清，字亦華，號吟邨，江蘇高郵人。1916年6月由曹鳳儀介紹入社，入社書編號625。1916年畢業於上海吳淞中國公學法政專科。

南社入社書	
姓名	曹祖彬字亦華一字唫邨
年歲	三十二歲
籍貫	江蘇高郵
居址	高郵臨澤鎮
通訊處	高郵臨澤鎮郵政局
介紹人	曹巘廷
年月日	民國五年六月

0626. 卞永璋

0626. 卞永璋（1862—1924），字叔平，號少卿，江蘇高郵人。1916年6月由曹鳳儀介紹入社，入社書編號626。

南社入社書

姓名	卞永璋字叔平一字夕卿
年歲	五十五歲
籍貫	江蘇高郵
居址	高郵三垛鎮玉香泉
通訊處	同上
介紹人	曹鳳儀
年月日	民國五年六月

0627. 王 績

0627.王績（1885—？），字丕嘉，江蘇崑山人。1916年6月由胡石予、余天遂、馮心俠、俞鍔、狄君武介紹入社，入社書編號627。

南社入社書

姓名	王績 字玉嘉
年歲	三十二歲
籍貫	江蘇崑山
居址	崑山古棗弄七號
通訊處	上海南文門內省立第二師範
介紹人	狄膺 俞鍔 馮平 余天遂 胡蘊
年月日	民國五年六月

0628. 汪　謙

0628.汪謙(1899—？),字受益,江蘇太倉人。1916年由朱瘦桐介紹入社,入社書編號628。

南社社友錄

南 社 入 社 書

姓名	汪受益 (印:汪) (印:謙)
年歲	十八
籍貫	江蘇太倉
居址	西門內大街
通訊處	北京順治門外上斜街
介紹人	朱瘦桐
年月日	

南社社友錄

0629. 柳無忌

　　0629. 柳無忌（1907—2002），原名錫礽，字無忌，筆名嘯霞，江蘇吳江(今蘇州市吳江區)人。1916年6月由其父母柳亞子和鄭佩宜介紹入社，入社書編號629。1920年就讀於上海聖約翰中學、聖約翰大學。1925年考入北京清華學校。1927年赴美國留學，攻讀西洋文學，先後獲勞倫斯大學學士學位和耶魯大學英國文學博士學位。1932年回國後任天津南開大學教授兼英文系主任。抗戰時期歷任南嶽文學院、西南聯合大學、重慶中央大學文學院等校教授，重慶師範學院教授兼代理系主任。抗戰勝利後赴美國講學，任耶魯大學、匹茲堡大學、印第安那大學等校教授，並在印第安那大學創建東亞語言文學系。1989年在美國發起成立國際南社學會，任會長。1990年11月13日中國南社與柳亞子研究會在北京正式成立，任名譽會長。著有《柳亞子年譜》、《柳無忌散文選》、《拋磚集》（新詩集）、《古稀話舊集》、《印度文學》、《英國文學史》、《西洋文學研究》、《中國文學概論》，編有《蘇曼殊全集》（與柳亞子合編）、《柳亞子文集》（與妹柳無非合編）、《蘇曼殊年譜及其他》、《蘇曼殊評傳》（英文）等。

南社入社書	
姓名	柳无忌
年歲	十歲
籍貫	江蘇吳江
居址	梨里
通訊處	同上
介紹人	柳亞子 鄭珮宜
年月日	中華民國五年六月

0630. 王有蘭

0630.王有蘭（1886—1967），號夢迪，一作孟迪，江西興國人。1916年6月由雷鐵厓介紹入社，入社書編號630。後留學日本，入中央大學法科，加入中國同盟會。1911年代表江西在南京出席17省代表會議，選舉孫中山爲臨時大總統。1935年，任江西省第四行政區督察專員。1937年9月任江西省第一區行政督察專員兼保安司令。1939年當選爲江西省臨時參議會副議長。

南社入社書

姓名	王有蘭 號夢迪
年歲	卅一歲
籍貫	江西興國
居址	
通訊處	
介紹人	唐昭性
年月日	壬年六月

0631. 趙光榮

0631.趙光榮（1857—？），字子枚，一字芷湄，號枚叟，江蘇丹徒（今鎮江市丹徒區）人。1916年由葉玉森介紹入社，入社書編號631。

南社入社書

姓名	趙光榮 字子枚 一字芷 湄 晚號 枚叟
年歲	六十
籍貫	丹徒鎮江惠安寺巷
居址	同上
通訊處	葉楚傖
介紹人	漁父
年月日	民國五年

0632. 傅道博

0632. 傅道博（1897—？），字紹禹，號沼采，湖南醴陵人。1916 年 6 月 17 日由傅熊湘、潘世模介紹入社，入社書編號 632。

南社入社書

姓名	傅紹禹 名道博
年歲	二十
籍貫	湖南醴陵
居址	北鄉花州橋
通訊處	縣城春生福轉大生齋代收
介紹人	傅鈍根 潘民訏
年月日	民國五年六月十七號

0633. 瞿世琬

0633. 瞿世琬（1867—？），字蘧厂，別署東皋草堂主人，江蘇武進（今常州市武進區）人。1916年6月28日由葉玉森介紹入社，入社書編號633。

南社入社書

姓名	瞿世瑛 字藎廬（東皋草堂）
年歲	五十歲
籍貫	江蘇武進縣
居址	僑居安慶城內小二郎巷東皋草堂
通訊處	同上
介紹人	中冷亭長 葉楚洪漁
年月日	民國五年七月廿八日

0634. 王永甲

0634. 王永甲（1888—1951），原名晦，字耕培，號鈍根，別署根盤，江蘇青浦（今上海市青浦區）人。1916年6月29日由朱少屏介紹入社，入社書編號634。1911年任《申報》編輯，首創《申報》副刊《自由談》。先後主編《自由雜誌》、《遊戲雜誌》、《禮拜六》、《社會之花》及《心聲》等。著有《工人之妻》、《劫後緣》、《聶慧娘彈詞》等。

南社入社書

姓名	王晦　字耕培　別號鈍根
年歲	二十九歲
籍貫	江蘇省　青浦縣
居址	青浦大西門內 上海寶山路升順里二十五號
通訊處	同上寶山路…… 或上海棋盤街中華圖書館
介紹人	朱少屏先生
年月日	中華民國五年 一千九百十六年六月二十九日

0635. 譚醒民

0635. 譚醒民(1884—？),浙江嘉興人。1916年7月1日由譚天介紹入社,入社書編號635。

南社入社書

姓名	譚醒民
年歲	三十三
籍貫	浙江嘉興
居址	嘉興洲東灣
通訊處	仝上
介紹人	譚天
年月日	五年七月一日

0636. 余崑

0636. 余崑（1890—？），字裴山，號貞一，安徽休寧人。1916年7月1日由柳亞子介紹入社，入社書編號636。

南社入社書

姓名	余崑字裴山入字貞一
年歲	念柒歲
籍貫	安徽休寧
居址	上海南北天保里旅新民坊十四號裴山寄廬
通訊處	仝上
介紹人	柳亞子
年月日	民國五年七月一日

0637. 方宗鼐

0637. 方宗鼐（1851—？），號鶴卿，別號蟹山，湖南湘潭人。1916年7月2日由傅熊湘、黃夢蘧、龔爾位介紹入社，入社書編號637。著有《國民鐸》、《周易簡明集解》、《蟹山詩文遺稿》。

南社社友錄

南社入社書

姓名	方宗朝號鶴卿別號蟹山
年歲	六十六歲
籍貫	湖南湘潭郡昌鎮
居址	郡昌鎮九甲石填冲
通訊處	湘潭城山巨春街徐宅易堂
介紹人	傅鈍根　黃夢遼　龔醉龙
年月日	民國五年陽曆七月二號

0638. 方贊修

0638.方贊修（1880—？），字述齋，浙江淳安人。1916年7月12日由邵瑞彭介紹入社，入社書編號638。1909年加入中國同盟會。1912年任浙江省臨時參議會議員。1917年任浙江省第九中學校校長。1921年爲浙江省制憲議會議員。1923年創辦峽石師範講習所。1924年任浙江省府警務秘書。1927年任上虞縣長。1929年主持創辦淳安中學。著有《飲淥山房文集》、《醫驗錄存》、《勘災雜詠》、《先德見聞錄》等。

南社入社書

姓名	方贊修 字述劬
年歲	三十七
籍貫	浙江淳安
居址	淳安西鄉葉江潭
通訊處	浙江省城吉祥巷省議會連子恩居 或 淳安縣城
介紹人	邵次公
年月日	民國五年七月十二日

0639. 徐 冰

0639.徐冰（1888—？），字公孟，浙江杭縣（今杭州）人。1916年7月13日由邵瑞彭介紹入社，入社書編號639。

南社社友錄

南社入社書

姓名	徐久 字公盃
年歲	二十九
籍貫	浙江杭
居址	杭州胡墅
通訊處	杭州羊市街榮荊橋黃文長生
介紹人	邵以公
年月日	民國三年七月十三日

0640. 劉 三

0640.劉三（1878—1938），原名鍾龢，字三，又字季平，號江南，別號離垢，自署江南劉三、黃葉老人，江蘇上海華涇(今上海市徐匯區華涇鎮)人。1916年7月補填入社書，入社書編號640。1903年初赴日本東京成城學校留學，參加留日學生組織的拒俄義勇隊、軍國民教育會，加入興中會。1904年與費公直等在家鄉創辦麗澤學院。1905年與費公直刺殺端方未遂被捕，出獄後加入中國同盟會。民國後任北京大學、北京高等師範學校教授。1928年任江蘇革命博物館編纂主任、江蘇省通志編纂委員會委員。1931年2月任國民政府監察院委員。著有《撥灰集》、《焚椒錄》、《華涇風物誌》等。

南社社友錄

南社入社書	
姓名	劉三　字三
年歲	三十七歲
籍貫	江蘇上海
居址	上海華涇
通訊處	同上
介紹人	
年月日	五年七月補填

南社社友錄

0641. 陸靈素

　　0641.陸靈素（1883—1957），女，名守民，一作秀民，字恢權，號靈素，別署繁霜、華涇鄉姑、黃葉遺孀，江蘇青浦（今上海市青浦區）人。1916年7月補填入社書，入社書編號641。早年就讀於楊白民等創辦的城東女學。1907年6月在日本創辦革命進步團體女子復權會，後又與何震主辦《天義報》。1908年初《天義報》刊出民鳴翻譯的《共產黨宣言》序言。輯有《黃葉樓遺稿》。

南社社友錄

南社入社書	
姓名	陸需繁
年歲	二十八歲
籍貫	江蘇青浦
居址	上海華涇
通訊處	同上
介紹人	
年月日	五年七月補填

南社社友錄

0642. 嚴 達

0642.嚴達（1873—1953），字公上，號工上，江蘇淮陰人。1916年7月17日由費公直、劉三、高旭介紹入社，入社書編號642。早年留學日本。1905年4月與黃賓虹一道任歙縣新安中學堂教習。著有《唱歌集》、《詩曲與歌唱》等。

南社社友錄

南社入社書

姓名	嚴達 字公上
年歲	四十三歲
籍貫	江蘇淮陰
居址	安徽歙縣
通訊處	費公直特
介紹人	費公直 劉三 高天梅
年月日	五年七月十七日

0643. 李光德
0644. 葉壽增

0643.李光德（1883—？），字懷誠，江蘇無錫人。1910年4月入社，1916年補填入社書，入社書編號643。早年加入中國同盟會。

0644.葉壽增（1883—？），字正叔，江蘇南京人。1916年入社，入社書編號644。

南社社友錄

南社入社書

姓名	葉□壯 (吉梵誠)
年歲	三十四 三十四
籍貫	無錫 南京
居址	無錫 填其□ 田雞浜
通訊處	
介紹人	
年月日	

0645. 朱樹鶴

0645.朱樹鶴（1889—1942），字立群，又字雙雲，號雲甫，一作雲父，別署朱八小子，上海人。1916年由陳萬里介紹入社，入社書編號645。1905年冬與汪仲賢等成立開明演劇會，提倡新劇。著有《新劇史》、《新劇春秋》等。

南社入社書

姓名	朱樹鶴 雙雲
年歲	二十八
籍貫	上海
居址	英界新重慶路慶餘里七八二號
通訊處	廣西路笑舞台
介紹人	陳萬里
年月日	

0646. 黎尚雯

0646. 黎尚雯（1868—1918），號湉蓀，一作桂森，別署競存軒老人，湖南瀏陽人。1916年由劉約真介紹入社，入社書編號646。1898年在瀏陽創立學館及不纏足會。1900年唐才常謀起義時，尚雯往來於湘、漢間，秘密聯絡。武漢自立軍起義失敗、唐才常遇難後，他避居衡州。後從事學校教育。曾參加中國同盟會。1907年3月受獄中的寧調元委託，與劉約真等重建同盟會湘支部。

南社入社書

姓名	黎尚雯 號湘蓀
年歲	四十九
籍貫	湖南瀏陽縣
居址	北京賈家胡同芳盛園
通訊處	北京瀏陽館
介紹人	劉謙
年月日	

0647. 王葆鋆

0647. 王葆鋆（1887—？），字伯衡，直隸臨榆（今秦皇島市山海關區）人。1916年6月1日由邵瑞彭介紹入社，入社書編號647。

南社社友錄

南社入社書	
姓名	王葆鋆字伯衡
年歲	三十
籍貫	直隸臨榆
居址	山海關內海陽鎮 福豐海
通訊處	西城油房胡同
介紹人	邵瑞彭
年月日	五年六月一日

0648. 張啟漢

0648.張啟漢（1886—1972），號平子，又號平生，湖南湘潭人。1916年6月6日由傅熊湘、黃夢蘧、龔爾位介紹入社，入社書編號648。早年肄業於湖南高等專門學校，後加入中國同盟會。1911年任《湖南公報》記者。1914年任《公言》雜誌編輯。1915年任湖南《大公報》主筆。新中國成立後被聘爲湖南省文史研究館館員。

南社入社書

姓名	張啟漢 號平子
年歲	三十歲
籍貫	湖南湘潭
居址	湘潭曉霞鎮
通訊處	長沙大公報館
介紹人	傅鈍根 黃夢遽 龔醉廬
年月日	民國五年六月六日

0649. 俞 琪

0649.俞琪（1882—1943），字玉其，號毓奇，江蘇高郵人。1916年7月由卞永璋介紹入社，入社書編號649。辛亥革命前加入中國同盟會，曾與姜景伯等在高郵縣三垛鎮成立玄靈詩社。

南社入社書

姓名	俞琪 毓奇
年歲	
籍貫	江蘇高郵
居址	高郵三垛鎮
通訊處	高鄴和号
介紹人	卞叔平
年月日	民國五年七月

0650. 陳諍彥

0650.陳諍彥(1869—？），字亞汀，號亞公，別署浣花閒史，浙江諸暨人。1916年8月9日由陳無名介紹入社，入社書編號650。

南社社友錄

南社入社書

姓名	陳諍 字亞汀 閒史 正 號亞公 別亞花沅 彥字
年歲	四十八歲
籍貫	諸暨
居址	北鄉巅口鎮
通訊處	汀君收 交陳亞 仁堂轉 巅口存 臨浦寄 轉蕭山 由郵局
介紹人	同邑陳徵廬
年月日	民國五年舊稱七月十一日

0651. 文啟蠡

0651. 文啟蠡（1879—1925），字湘芷，湖南醴陵人。1916年7月15日由鄭叔容、劉約真介紹入社，入社書編號651。畢業於京師大學堂。歷任湖南第一師範學校、長郡公學、含光女校校長，湖南高等師範學校教務長，湖南教育司社會科長，湖南省公署教育科長，安仁縣知事等職。與傅熊湘等編有《湘災記略》、《醴陵兵燹記略》等書。

南社入社書

姓名	文啟纛 湘芷
年歲	三十八歲
籍貫	醴陵
居址	本邑西鄉
通訊處	補醴陵關家巷補天室 省垣小西門外金家碼頭同興祥轉
介紹人	鄭澤 劉謙
年月日	民國五年七月十五

南社社友錄

0652. 宋大章

0652.宋大章（1888—1955），字寰公，號遼鶴，奉天廣寧（今遼寧北鎮）人。1916年7月18日由景定成、杜羲介紹入社，入社書編號652。1905年留學日本，入東京陸軍士官學校，後加入中國同盟會。辛亥革命勝利後任關東都督府秘書長。民初任《新民報》、《國風日報》主筆。1917年任廣州海陸軍大元帥府咨議。1921年任非常大總統特派駐奉天聯絡員。1925年任奉天省議會議員。1928年冬曾會同國民政府代表張群、吳鐵城面晤少帥張學良，促使張學良宣佈"東北易幟"。"九一八"事變後赴河北涿州，擔任行政長官；後應吳鐵城之邀赴上海任上海市政府機要秘書，兼淞滬警備司令部辦公廳主任、軍需處處長。

南社社友錄

南社入社書

姓名	宋大章 寰公 別號遼鶴
年歲	二十九歲
籍貫	奉天廣寧
居址	北京國民日報
通訊處	仝上
介紹人	景定成 杜羲
年月日	民國五年七月十八號

0653. 陳宗寔

0653. 陳宗寔（？—？），字伯肫，湖南湘潭人。1916年7月由沈宗畸介紹入社，入社書編號653。

姓名	陳宗蒆 字伯胅
年歲	
籍貫	湖南湘潭
居址	
通訊處	湖北漢陽鐵政廠机器股
介紹人	沈太侔
年月日	民國五年 月

0654. 龔六英

0654. 龔六英（1881—？），字醉霞，江蘇高郵人。1916年7月由曹鳳儀、曹鳳笙介紹入社，入社書編號654。1913年畢業於法政大學法律專科。

南社入社書

姓名	龔之英 醉報
年歲	三十五
籍貫	高郵
居址	三槐鎮
通訊處	辦公處
介紹人	曹鳳儀 曹鳳笙
年月日	民國五年七月

0655. 龔六莖

0655. 龔六莖（1893—？），字瑞芝，江蘇高郵人，六英弟。1916年7月由曹鳳儀、曹鳳笙介紹入社，入社書編號655。

南社社友錄

南社入社書

姓名	龔六莖 瑞芝
年歲	廿三
籍貫	高郵
居址	三垛鎮
通訊處	辦公處
介紹人	曹風儀 曹風笙
年月日	民國五年七月

0656. 戴天球

0656. 戴天球（1895—1975），曾用名杲，字星一，江蘇江都（今揚州市江都區）人。1916年7月由曹鳳儀、曹鳳笙介紹入社，入社書編號656。早年就讀於兩江法政學堂。1913年赴日本東京日本大學習法政。1914年參加中華革命黨。1917年赴廣州大元帥府任職。抗戰勝利後返回江都，任商會會長、蘇北水利協會理事長。1945年參加在南京召開的制憲國民大會。1947年當選爲第一屆國民大會律師團體的代表。

南社入社書

姓名	戴天球 曇弍
年歲	廿二
籍貫	江都
居址	邵伯真武廟鎮
通訊處	戴合記
介紹人	曹风儀 曹风笙
年月日	民國五年七月

0657. 曹　斌

0657.曹斌（1887—1944），字憲章，江蘇高郵人。1916年7月由曹鳳儀、曹鳳笙介紹入社，入社書編號657。1912年畢業於揚州府中學堂。後入上海吳淞中國公學法政專科。

南社社友錄

南社入社書	
姓名	轉斌 憲章
年歲	卅
籍貫	高郵
居址	北門外東壁巷
通訊處	仝上
介紹人	轉喬儀 轉喬笙
年月日	民國五年七月

0658. 潘名泰

0658. 潘名泰（1890—？），字子詹，號一癡，江蘇淮安人。1916年7月20日由邵天雷、張冰介紹入社，入社書編號658。

南社入社書	
姓名	潘名泰 字子詹 號一癡
年歲	二十七歲
籍貫	江蘇淮安縣
居址	車橋鄉
通訊處	仝上
介紹人	邵元姒 張雪抡
年月日	民國五年七月二十日

0659. 陳錫田

0659.陳錫田（1892—？），字新儷，江蘇松江（今上海市松江區）人。1916年8月1日由譚天介紹入社，入社書編號659。

南社社友錄

南社入社書

姓名	陳錫田字新儷
年歲	二十五歲
籍貫	江蘇松江縣
居址	松江西門外塔橋東
通訊處	嘉興電報局
介紹人	譚天
年月日	民國五年八月一日

0660. 鄧寄芳

0660.鄧寄芳（1884—？），字芰郎、芰公，號蘇齋，別署芳郎、桂史、蘇圃，廣東東莞人。1916年8月6日由孫仲瑛、蔡哲夫介紹入社，入社書編號660。

南社社友錄

南社入社書

姓名	鄧寄萼 字芝卿
年歲	三十三
籍貫	廣東省東莞邑
居址 通訊處	香港威靈頓街七十號通緣
介紹人	蔡守 孫璞
年月日	五八六

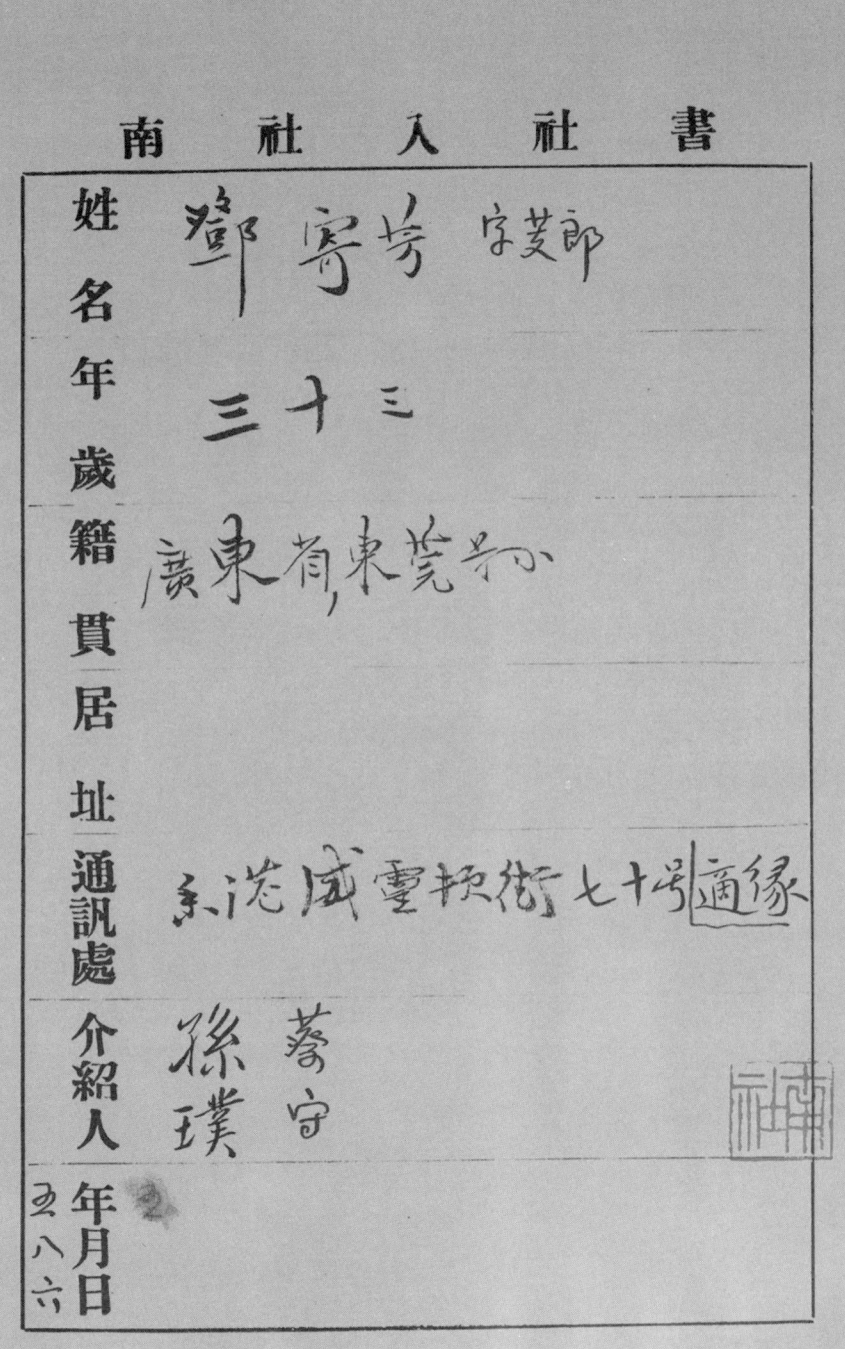

0661. 陳兆年

0661.陳兆年（1880—？），字菊伊，一字菊衣，廣東南海（今佛山市南海區）人。1916年8月6日由蔡哲夫、孫仲瑛介紹入社，入社書編號661。

南社入社書

姓名	陳兆年 字菊伊
年歲	三十七
籍貫	南海
居址	黃涌,碧廬,香港,泥
通訊處	香港 南洋兄弟烟草公司
介紹人	孫璞 蔡守
年月日	乙八六

0662. 簡 華

0662. 簡華（1899—？），字實卿，號士驟，一作士揆，廣東南海（今佛山市南海區）人。1916年8月6日由孫仲瑛、蔡哲夫介紹入社，入社書編號662。1917年9月在上海加入中國精武體育會。

南社社友錄

南社入社書

姓名	簡寬卿 名士駿
年歲	十八
籍貫	南海
居址通訊處	香港南洋煙艸公司
介紹人	孫璞 蔡寅
年月日	

0663. 姚禮恭

0663.姚禮恭（1878—？），字伯壽，廣東番禺（今廣州市番禺區）人。1916年8月6日由孫仲瑛、蔡哲夫介紹入社，入社書編號663。

南社社友錄

南社入社書

姓名	姚禮恭字伯壽
年歲	三十九
籍貫	番禺
居址	廣州西錦榮街七號
通訊處	仝上
介紹人	陳伊仲 鄧菊羚 皆寧 孫璞 葵文

2885

0664. 姚禮修

0664.姚禮修（1882—？），字粟若，廣東番禺（今廣州市番禺區）人。1916年8月6日由孫仲瑛、蔡哲夫介紹入社，入社書編號664。20世紀20年代曾任廣東公立法官學校校長。1921—1926年間與徐紹棨等組織廣州詩鐘社。1923年曾與鄧爾雅等創組癸亥合作畫社。

南社社友錄

南社入社書

姓名	姚礼修 字粟若
年歲	三十五
籍貫	番禺
居址	廣州錦榮街七号
通訊處	仝上
介紹人	伊舲 陸菊 蔡守 孫璞
年月日	2886

0665. 馬　卓

0665. 馬卓（1885—1945），字惕冰，湖南醴陵人。1916年8月10日由傅熊湘、方旭芝介紹入社，入社書編號665。歷任《長沙日報》、武漢《民國日報》、《湖南國民日報》、《通俗日報》編輯。1924年前後在湖南省第一師範執教。

南社社友錄

南社入社書

姓名	馬卓 字惕冰
年歲	三十一歲
籍貫	湖南醴陵
居址	西鄉馬家壋
通訊處	長沙 長沙日報館
介紹人	傅釚根 方旭芝
年月日	五年八月十日

0666. 郁世羹

0666. 郁世羹（1892—1965），號佐梅，浙江嘉善人。1916 年 8 月 19 日由周芷畦、余十眉介紹入社，入社書編號 666。

南社入社書

姓名	郁世美 號佐梅
年歲	二十五歲
籍貫	浙江嘉善縣
居址	浙江嘉善西塘鎮
通訊處	浙江嘉善西塘鎮昭華女學校
介紹人	周㛃田
年月日	民國五年八月十九日 余十眉

0667. 丁湘田

0667. 丁湘田（？—？），女，廣東梅縣(今梅州市梅縣區)人。1916年8月20日由謝英伯、朱少屏介紹入社，入社書編號667。中國同盟會會員。曾在上海海寧路冠群女學校任教。

南社社友錄

南社入社書

姓名	丁湘田
年歲	？
籍貫	廣東
居址	上海海甯路三沽里迓層女學校
通訊處	仝上
介紹人	謝英伯
年月日	民國五年八月二十日

0668. 袁翰清

0668.袁翰清（1884—1954），字鏡涵，一字噤寒，號金南，江蘇吳江（今蘇州市吳江區）人。1916年8月由沈昌直介紹入社，入社書編號668。

南社入社書

姓	袁 又作爰
名	翰清 號金南 字鏡涵 一字噤寒
年歲	三十三
籍貫	江蘇吳江
居址	分濱
通訊處	蘆墟袁家浜袁宅 又蘆墟北市張吉泰米行
介紹人	沈頫若
年月日	五年八月

0669. 李澄宇

0669. 李澄宇（1882—1955），字洞庭，湖南岳陽人。1916年8月22日由傅熊湘介紹入社，入社書編號669。早年參加船山學社、東池印社。曾任湖濱大學、民國大學國文教授，國學館教授及湖南大學教授等職。1930年任湖南省政府秘書、秘書長。新中國成立後受聘爲湖南省文史研究館館員。1955年4月病逝於湖南長沙。著有《未晚樓全集》。

南社入社書	
姓名	李澄宇 字洞庭
年歲	三十四歲
籍貫	湖南岳陽縣
居址	岳陽東鄉箭口周家嶺
通訊處	(1)岳州魚巷救生局轉交 (2)岳州箭口同德生號轉交
介紹人	傅鈍庵
年月日	民國五年八月二十二日

0670. 李根源

　　0670.李根源(1879—1965)，字印泉，又字養溪，別署雪生、高黎貢山人，晚署曲石老人，雲南騰衝人。1913 年 2 月由寧調元介紹入社，1916 年 8 月補填入社書，入社書編號 670。1904 年考取日本官費生，赴東京振武學校習陸軍，翌年加入中國同盟會。1906 年春被推爲雲南留學生同鄉會會長；同年 4 月與吕志伊、趙伸等在東京創辦《雲南》雜誌，該雜誌 1910 年與《滇話報》合併。後又倡設雲南獨立會。1909 年歸國後任雲南陸軍講武堂監督兼步兵科教官。1914 年 8 月與黄興等人成立歐事研究會。1916 年 7 月被黎元洪任命爲陝西省省長。著有《永昌府文徵》、《騰衝戰役記事詩》、《滇粹》、《吴郡西山訪古記》、《荷戈集》、《曲石文錄》、《曲石詩錄》、《雪生年錄》等。

南社社友録

南社入社書	
姓名	李根源 印泉
年歲	三十九歲
籍貫	雲南騰衝縣
居址	肇慶（現住）
通訊處	
介紹人	甯調元
年月日	民國弍年弍月入社 民國伍年八月補填入社証

0671. 淩　毅

0671. 淩毅（1885—1930），字蕉庵，安徽定遠人。1916年8月由邵瑞彭介紹入社，入社書編號671。

南社入社書

姓名	凌毅 萓庵
年歲	三十二
籍貫	安徽 定遠
居址	北京宣武門外路西国華報
通訊處	仝上
介紹人	卯沒公
年月日	民國三年八月

南社社友錄

0672. 黃 郛

　　0672. 黃郛（1880—1936），原名紹麟，字膺白，號昭甫，別署天生，筆名以太，浙江紹興人。1916 年 8 月由高旭、張廷輝介紹入社，入社書編號 672。1904 年入浙江武備學堂，旋被選派留學日本，就讀於東京振武學校。1905 年加入中國同盟會。1908 年轉入日本陸軍測量局地形科。武昌起義後參加光復上海之役，擔任滬軍都督府參謀部部長，兼滬軍第二師師長。1913 年二次革命失敗後流亡日本、美國。1923 年起歷任北京政府外交部長、教育總長兼代國務總理。1927 年國民政府成立後被任命爲上海特別市首任市長。1928 年 2 月出任國民政府外交部長。1932 年 6 月在上海倡議組織成立新中國建設學會。1933 年 5 月任國民政府行政院駐北平政務整理委員會委員長、內政部長等職。著有《歐戰之教訓與中國之將來》、《戰後之世界》等。

南社入社書

姓名	黃郛（膺白）
年歲	三十六歲
籍貫	浙江
居址	北京
通訊處	北京東南園氏蘇社
介紹人	高天梅 張彥士
年月日	民國五年八月

0673. 曹應仲

0673. 曹應仲（1887—？），江蘇吳江(今蘇州市吳江區)人。1916年8月由鄭之蕃介紹入社，入社書編號673。

南社社友錄

南社入社書	
姓名	曹庶件
年歲	叁拾
籍貫	吳江
居址	南潯南柵圓圈家弄
通訊處	仝上
介紹人	鄒桐為先生
年月日	丙辰八月

0674. 李作霖

0674. 李作霖（1893—？），字潤生，湖北武昌（今武漢市武昌區）人。1916年8月25日由駱繼漢、高旭介紹入社，入社書編號674。

南社入社書

姓名	李作霖 潤生
年歲	二十四
籍貫	湖北武昌
居址	江夏會館排子胡同
通訊處	仝上
介紹人	高天梅 駱繼漢 梶葉榮華
年月日	五月八日 民國五年二十

0675. 李隆建

0675. 李隆建（1888—？），字仲莊，湖南醴陵人。1916年8月30日由劉澤湘、黃夢蘧介紹入社，入社書編號675。早年參加中國同盟會。1907年與劉約真等重建同盟會湖南支部。後任職於《長沙日報》社。

南社入社書

姓名	李隆建 字仲莊
年歲	二十九歲
籍貫	湖南醴陵
居址	醴陵北城二圖錢鋪內李種法堂
通訊處	同上 現在日本東京由中野寄
介紹人	劉澤湘 黃鈞
年月日	五年八月三十號

0676. 諸　翔

南社社友錄

0676. 諸翔（1881—1943），字青來，號人鳳，上海人。1916年8月31日由高旭、趙正平、周亮才介紹入社，入社書編號676。1904年留學日本。民初在北京《民蘇報》館任編輯。後創辦上海神州大學，任總務長，並任上海《時事新報》主編、《銀行週報》編輯。先後執教於上海交通大學、大夏大學、持志大學、光華大學及中國公學等校。1940年3月在上海發起組織中國國家社會黨政務特別委員會，並主持黨務。著有《政論集》、《經濟論集》、《社會改造問題》等。

南社社友錄

南社入社書

姓名	諸翔宇青來
年歲	卅六歲
籍貫	江蘇上海
居址	暫寓琉璃廠東南園民蘇報館
通訊處	仝上
介紹人	高天梅 趙厚生 周亮才
年月日	民國五年八月廿一日

0677. 易白沙

0677.易白沙（1886—1921），原名坤，字越邨，一作月村，別號白沙子，湖南長沙人。1916年9月由鄭之蕃介紹入社，入社書編號677。1913年參加二次革命，失敗後流亡日本。後回國投身於新文化運動，1916年在《新青年》發表《孔子平議》，反對儒學。歷任湖南省立第一師範學校教員，南開大學、復旦大學教授。著有《教育與衛西琴》、《廣尚思》、《諸子無鬼論》等。

南社社友錄

南社入社書

姓名	易白沙　[印：白沙]　月村
年歲	三十一
籍貫	湖南長沙
居址	南城社壇街
通訊處	同上
介紹人	鄭桐蓀
年月日	民國三年九月

0678. 郭開第

0678.郭開第（1877—？），字濤僧，湖南常寧人。1916年9月1日由傅熊湘、陳家鼐介紹入社，入社書編號678。1921年5月曾在湖南勞工會刊物《勞工》上發表論著《告工人》。

南社社友錄

南社入社書

姓名	郭開第 濤僧
年歲	四十歲
籍貫	湖南常寧
居址	長沙西園
通訊處	郭寓 長沙西園
介紹人	陳家鼎 傅君劍
年月日	九月一號 民國五年

0679. 張維城

0679.張維城（1895—1941），一名維仁，字廷珍，江蘇青浦（今上海市青浦區）人。1916年9月1日由胡樸安、胡惠生介紹入社，入社書編號679。1909年入上海龍門師範學校，後赴日本考察政治經濟，歸國後任華北大學教務長。1925年後先後任教於中國公學、上海法學院、愛國女校大學部。1936年應于右任之聘出任國民政府審計部審計，後應邵力子之邀到西安任審計部駐外審計。1938年到成都華西大學任教，並參與編輯《國際與中國》雜誌。著有《朝鮮排華慘案》（用中英文編寫）、《改進外交行政之芻見》等。

南社入社書

姓名	張維城 廷珍
年歲	二十一
籍貫	江蘇青浦
居址	青浦縣東鄉
通訊處	上海西 七寶鎮
介紹人	胡樸庵 胡惠生
年月日	民國五年九月一日

0680. 黎書宸

0680. 黎書宸（1887—？），號伯努，湖南瀏陽人。1916 年由譚介廎介紹入社，入社書編號 680。

南社入社書	
姓名	黎書辰 號伯男
年歲	三十歲
籍貫	瀏陽縣人
居址	
通訊處	湖南常寧水口山官礦處
介紹人	譚作民
年月日	

0681. 黃 鏐

0681.黃鏐(1888—？),字咸夷,湖南湘潭人。1916年9月8日由傅熊湘、黃夢蘧介紹入社,入社書編號681。早年曾參與籌辦《三楚新聞》。1916年9月任《長沙日報》編輯,不久任《湖南新報》主筆。

南社入社書

姓名	黃鍔 字咸夷
年歲	二十九歲
籍貫	湖南湘潭
居址	湘潭上十七都五甲
通訊處	湖南長沙日報館轉
介紹人	傅鈍庵　黃鈞
年月日	中華民國五年九月八日

0682. 朱 沃

0682.朱沃（1885—？），字繼仁，號懶仙，湖南醴陵人。1916年9月9日由黃夢蘧、傅熊湘介紹入社，入社書編號682。

南社入社書

姓名	朱沃字繼仁自呼嬾仙
年歲	三十二歲
籍貫	湖南醴陵
居址	治北官莊教家洲
通訊處	省城青石橋廣達店內山陰金
介紹人	黃鈞 傅鈍庵
年月日	民國五年九月九日

0683. 陳家棟

0683.陳家棟（1887—1971），號少芸，江蘇嘉定（今上海市嘉定區）人。1916年9月9日由高旭、淩蕉庵、胡樸安介紹入社，入社書編號683。早年赴日本警監學校留學，畢業後回國任民政部外城巡警總廳七品警官。新中國成立後被推爲嘉定縣各界人民代表會議代表，並被選爲駐會委員及政協嘉定縣第一屆委員會專職副秘書長。1958年4月被聘爲上海文史研究館館員。

南社入社書

姓名	陳家棟 少芸
年歲	三十歲
籍貫	江蘇嘉定
居址	上海貴州路達吉里一五一 北京順治門內單花街灣陸毛
通訊處	仝上
介紹人	高天梅 凌霞庵 胡樸庵
年月日	五年九月九日

0684. 姚大慈

0684. 姚大慈（1890—？），以字行，湖南平江人。1916年9月10日由傅熊湘、李澄宇介紹入社，入社書編號684。

南社社友錄

南社入社書

姓名	姚大慈 以行字
年歲	二十七
籍貫	湖南平江縣
居址	平江縣汨羅江側
通訊處	暫由長沙府後街長沙賑（如有更換先函通知）
介紹人	傅尃　李澄宇
年月日	民國五年九月十號

0685. 謝　晉

0685. 謝晉（1883—1956），字霍晉，號齊州外室主人，湖南衡陽人。1916年9月14日由傅熊湘、李澄宇介紹入社，入社書編號685。1907年加入中國同盟會。武昌起義時被舉爲都督府參議。1912年任《世界新聞社》經理。1923年在廣州加入中國共產黨。新中國成立後歷任第一屆全國政治協商會議特邀代表、第一屆全國人大代表、湖南省人民政府委員、省人民監察委員會副主任、湖南省政協副主席、民革中央委員及民革湖南省委主任委員等職。著有《屢劫後集》、《蓬萊詞》、《齊州外室劄記》等。

南社入社書

姓名	謝晉 號霍晉
年歲	三十三
籍貫	湖南衡陽縣
居址	衡陽南鄉
通訊處	長沙日報轉 如有更換再行函告
介紹人	傅尃 李澄宇
年月日	民國五年九月十四號

南社社友錄

0686. 蔡突靈

　　0686.蔡突靈（1881—？），字少黃，別名啼紅詞客，江西宜豐人。1916年9月14日由邵瑞彭、田桐介紹入社，入社書編號686。早年參加中國同盟會。辛亥首義後任瑞州民軍總司令，旋任潯軍政府參謀長，後調任江西省教育司司長。1913年任國會參議院議員。

南社入社書

姓名	蔡突靈 字少黃 別名啼紅詞客
年歲	民國紀元前卅一年建生
籍貫	江西宜豐
居址	卜宅本縣城南
通訊處	現寓北京長巷四條上新會館
介紹人	彭瑞熙 田桐
年月日	五年九月十四日

0687. 李基鴻

0687.李基鴻（1882—1973），號子寬，湖北應城人。1916年9月14日由白逾桓、田桐、高旭介紹入社，入社書編號687。早年曾官費留學日本，入東京法政學校。在日本參加中國同盟會和共進會。1910年畢業後回國，1911年赴南洋並被舉爲新加坡同盟會書記。後應泗水書報社之聘任《漢文新報》編輯。1911年武昌起義後任湖北軍政府秘書，後受田桐之邀到北京任《國光新聞》總編輯。1914年在上海加入中華革命黨，並創辦海上通訊社。著有《聖揆錄》、《百年一夢記》。

南社入社書

姓名	李基鴻 別號子寬
年歲	三十五歲
籍貫	湖北應城
居址	應城北門外盛家集
通訊處	北京東四牌樓七條胡同皇姑院五
介紹人	白逾桓 田桐 高天梅
年月日	民國五年九月十四日

0688. 朱汝珏

0688. 朱汝珏（1895—？），字璧人，江蘇吳縣(今蘇州市吳中區)人，朱汝玉族弟。1916年9月15日由王大覺介紹入社，入社書編號688。

南社社友錄

南社入社書	
姓名	朱汝珏字璧人
年歲	廿二
籍貫	吳縣
居址	周庄
通訊處	周庄泖港唐宅
介紹人	王大覺
年月日	五九/士

0689. 徐德培

0689. 徐德培（1878—1951），字篤夫，一作篤甫，號南邨，江蘇興化人。1916年由趙正平、周亮才介紹入社，入社書編號689。1951年7月被聘爲中央文史研究館館員，著有《鹽鐵論集釋》、《中國歷代幣考》、《齊梁陳書詁》、《隋碑考證》、《南村雜誌》、《南村詩文集》等。

南社社友錄

南社入社書

姓名	徐德培 字南邨 篤夫
年歲	四十歲
籍貫	江蘇興化
居址	現在北京民蘇報館
通訊處	北京民蘇報館
介紹人	趙正平 周亮才
年月日	

0690. 王大楨

0690. 王大楨（1892—1946），字芃生，湖南醴陵人。1916年9月18日由劉鵬年、傅熊湘介紹入社，入社書編號690。1910年加入中國同盟會。1920年進東京帝國大學經濟科，並擔任東京留日學生研究會外交研究部部長。1921年赴美國華盛頓參加太平洋會議。1927年主編《外交月刊》。著有《中日關係史之科學研究》。

南社社友錄

南社入社書	
姓名	王大楨 字芃生
年歲	二十五歲
籍貫	湖南醴陵縣
居址	醴陵北鄉七里山
通訊處	醴陵縣城張福隆烟號轉
介紹人	劉鵬年 傅鈍根
年月日	中華民國五年九月十八日

0691. 曾純陽

0691. 曾純陽（1871—？），字元龍，湖南湘鄉人。1916 年 9 月 20 日由傅熊湘介紹入社，入社書編號 691。著有《論審判制度》、《經學通論》、《湖南人滿之救濟法》等。

南社入社書

姓名	曾純陽字元龍
年歲	四十六
籍貫	湘鄉
居址	瀏水毛田田嘉灣
通訊處	瀏水毛田田嘉灣 現住長沙長沙日報
介紹人	傅君劍
年月日	民國五年九月二十日

0692. 簡 易

0692.簡易（1885—？），字叔乾，號惕園，湖南長沙人。1916年9月21日由傅熊湘、鄭叔容介紹入社，入社書編號692。

南社入社書

姓名	簡易 字叔乾 愓園
年歲	三十二歲
籍貫	長沙
居址	尊陽鄉八甲李樹坡
通訊處	長沙南門坡 戥子橋惜字公莊第十六號尊都鄭寓
介紹人	傅君劍 鄭澤
年月日	民國五年九月二十一號

0693. 孫舉璜

0693.孫舉璜(1875—？)，字姬瑞，號蟲天，自署蟲天室主，湖南長沙人。1916年9月23日由傅熊湘、鄭叔容介紹入社，入社書編號693。1916年任職《長沙日報》。

南社社友錄

南社入社書

姓名	孫鼐璜 字姬瑞 號蟲天
年歲	四十二歲
籍貫	湖南長沙
居址	長沙局關祠安吉里
通訊處	仝上
介紹人 年月日	舒澤 傅鞾 廿三日

0694. 彭昌福

0694. 彭昌福（1884—？），安徽蕪湖人。1916年9月24日由淩蕉庵介紹入社，入社書編號694。

南社社友録

南社入社書	
姓名	彭昌福
年歲	三十三歲
籍貫	安徽蕪湖
居址	米市胡同南紀兩廣縣舘
通訊處	同上
介紹人	凌毅
年月日	民國五年九月二十四日

0695. 尹爟

0695.尹爟（1860—1935），字笛雲，號紫雲，別署鐵笛、笛叟、笛公、巖叟，廣東順德人。1916年9月24日由蔡哲夫介紹入社，入社書編號695。

南社入社書

姓名 尹權 字笛雲 號紫雲 靈嚴叟

年歲 五十六

籍貫 廣東順德

居址 廣州大沙頭廣九鐵路局會計科長蔡嘯府轉交

通訊處 暫寄蔡守

介紹人 蔡守

年月日 廿五九

0696. 李中一

0696.李中一(1880—？)，字晦庵，號老蚪，江蘇寶山(今上海市寶山區)人。1916年9月24日由柳亞子介紹入社，入社書編號696。

南社入社書

姓名	李中一 晚庵
年歲	卌
籍貫	江蘇寶山
居址	吳淞鎮
通訊處	校醫如皋司
介紹人	柳亞子
年月日	五年九月廿四日

南社社友錄

0697. 吳夢非

0697. 吳夢非（1893—1979），幼名貽穀，學名翼榮，筆名嘉白、嘉平，浙江東陽人。1916年9月由李叔同介紹入社，入社書編號697。1915年到上海城東女學任教。1919年與豐子愷、劉質平創辦上海藝術專科師範學校。1920年發起組織中華美育會，創辦《美育》雜誌，任總編輯。1933年擔任《音樂教育》雜誌特約撰稿人，同年11月參與發起組織百川書畫會。新中國成立後歷任浙江省文聯組織部副部長、上海音樂學院教務處副主任等職。著有《和聲學大綱》、《中學新歌選》等。

南社入社書

姓名	吳夢非
年歲	廿四歲
籍貫	浙江東陽
居址	東陽白坦
通訊處	上海南市城東女學校
介紹人	李叔同
年月日	五年九月

0698. 劉天徒

0698. 劉天徒（1880—？），江蘇武進（今常州市武進區））人。1916年由汪文溥、柳亞子介紹入社，入社書編號698。

南社社友錄

南社入社書	
姓名	劉天德
年歲	三十七歲
籍貫	江蘇武進
居址	白克路俊德里
通訊處	白克路俊德里六六一號
介紹人	汪蘭皋 柳亞子
年月日	

0699. 陸挺生

0699.陸挺生（1888—？），浙江平湖人。1916年9月29日由錢鴻炳介紹入社，入社書編號699。

南社社友錄

南社入社書

姓名	陸挺生
年歲	卅
籍貫	平湖
居址	池有花
通訊處	公上
介紹人	錢駥 賓虹
年月日	壬子年九月

0700. 蒯貞幹

0700. 蒯貞幹（1878—1917），字虎岑，號嘯樓，江蘇吳江（今蘇州市吳江區）人。1916年9月24日由黃復、余十眉介紹入社，入社書編號700。1915年參加酒社，1916年參加消夏社，平生熱心教育、宣導女學，曾創辦黎里平民女子小學，獲江蘇省政府嘉獎。其從弟蒯文偉亦爲南社社員。

南社社友録

南社入社書

姓名	前貞軒 雯岑
年歲	三九
籍貫	吳江
居址	黎里
通訊處	黎里 澒塗橋
介紹人	黃稚鷺 第壽芝
年月日	五年九月

0701. 彭久岳

0701.彭久岳（1893—？），字惟清，江蘇吳江(今蘇州市吳江區)人。1916年9月24日由蒯貞幹、黃復介紹入社，入社書編號701。

南社社友錄

南 社 入 社 書

姓名	彭久岳惟清
年歲	二十四歲
籍貫	吳江
居址	黎里
通訊處	上海計華玖記章從阪
介紹人	劉承幹 黃炳焜
年月日	九月 日 俞

0702. 陳 侃

0702. 陳侃（1894—？），原名定揚，後改名侃，字燕方，一字俺舫，號蓮痕，筆名舊燕，江蘇崑山人。1916年9月27日由張廷珍介紹入社，入社書編號702。早年就讀於北京大學，爲星社社員。曾主持《新魯日報》、《新魯月刊》筆政。著有《京華春夢錄》、《秦淮畫舫錄》、《板橋雜記》、《順治演義》、《康熙演義》、《乾隆休妻》、《同治嫖院》、《董小宛演義》、《春痕餘墨》等。

南社社友錄

南社入社書

姓名	陳倪 原名 定 揚號 燕 方別署 俺舫
年歲	二十三
籍貫	山塘 江蘇崑
居址	墓鎮下 門外陳 蘇州蓊
通訊處	舍三寄宿 大學第 街北京 山後太平 北京景 舍現寓 史料留 京大學 神廟北 北京馬 全上或
介紹人	張廷珍 君(維城)民國五
年月日	二十七日 年九月

0703. 劉伯端

0703.劉伯端（1887—1963），福建侯官（今閩侯）人，寄籍廣東番禺。1916年9月29日由蔡哲夫介紹入社，入社書編號703。著有《番禺三家集》、《滄海樓詞鈔》、《心影詞》、《燕芳詞冊》等。

南社社友錄

南社入社書

姓名	別伯瑶
年歲	二十三
籍貫	福建侯官
居址	香港
通訊處	香港華民政務司署
介紹人	蔡哲夫
年月日	己九廿九

0704. 張沂康

0704.張沂康(1879—？),字雲階,號雲飛,廣東南海(今佛山市南海區)人。1916年9月29日由蔡哲夫介紹入社,入社書編號704。

南社社友錄

南社入社書

姓名	原名 沂康　張雲飛
年歲	三十八
籍貫	廣州南海
居址	香港
通訊處	香港上環大昌路八號二百四十一號（即百步梯斜對面）
介紹人	蔡守
年月日	丙辰九月朔日

0705. 劉宗向

0705. 劉宗向（1879—1951），字寅先，號盅園，湖南寧鄉人。1916年9月由傅熊湘介紹入社，入社書編號705。1913年與黎錦熙、徐特立等創辦宏文圖書編譯社，後兼《湖南通俗日報》主筆。1914年春任湖南高等師範教務長。1917年被省長公署聘爲湖大籌委會委員。1921年與文湘芷、蔡漁春等在長沙寶南街創辦私立含光女子中學，後又創辦附屬小學，兼任湖南大學中文系教授。1930年參加營救楊開慧的活動。1936年與黎錦熙等組織湖南文獻委員會。曾在寧鄉兼任民國大學教授。1950年任湖南文史研究館館員。著有《劉木屏傳奇》、《國史述要》、《《毛詩學講義》、《傳經堂隨筆》、《國學提要》、《國學鏖金》、《藝文粗述》、《志例叢話》、《補過軒文鈔》等。

南社社友錄

南社入社書

姓　名	劉盎園 名宗何 字寅先
年　歲	卅七
籍　貫	寧鄉
居　址	寧鄉新城小西門
通訊處	長沙理問街一条巷
介紹人	傅君劍
年月日	五年九月

0706. 楊培綸

0706. 楊培綸（1894—？），字仲廉，一作仲濂，浙江吳興（今湖州）人。1916年9月由余天遂介紹入社，入社書編號706。

南社入社書

姓名	楊培綸字仲廉
年歲	二十三歲
籍貫	吳興縣
居址	埭溪鎮
通訊處	萍鄉煤礦局
介紹人	余天遂
年月日	民國五年九月

0707. 傅 絅

0707. 傅絅（1869—？），字方修，江蘇武進（今常州市武進區）人。1916年10月1日由李壽銓、蔣萬里介紹入社，入社書編號707。

南社社友錄

南社入社書

姓名	傅綱 字方脩
年歲	四十八歲
籍貫	江蘇武進
居址	常州城北直街
通訊處	萍鄉安源煤礦局
介紹人	李毓臣 蔣萬里
年月日	民國五年十月一日

0708. 朱 濂

0708. 朱濂（1881—？），號覺盦，江蘇武進（今常州市武進區）人。1916年由顧鳴盛、胡寄塵介紹入社，入社書編號708。

南社入社書

姓名	朱濂（號覺盦）
年歲	三十六歲
籍貫居址	江蘇武進
通訊處	本埠跑馬廳醫學書局
介紹人	顧叔恵 胡寄塵
年月日	

0709. 饒芙裳

0709. 饒芙裳（1856—1941），名集蓉，字芙裳，又字紹曾，號槐堂，又號德依，晚年號松溪老漁、大印山人，廣東梅縣(今梅州市梅縣區)人。1916年10月7日由林百舉介紹入社，入社書編號709。早年加入中國同盟會。辛亥革命後任廣東省教育司司長。1913年任首屆國會眾議院議員。後在檳榔嶼庇能中學任教。1916年9月回國後復任國會眾議院議員、護法國會眾議院議員。1919年任廣東瓊崖道尹，爲海南島最高行政長官。後任廣東省通志館館長。著有《趣廬詩稿》、《辛廬吟稿》等。

南社社友録

南社入社書	
姓名	饒芙裳
年歲	六十一
籍貫居址	廣東梅縣
通訊處	北京前門外三眼井梅縣謝宅
介紹人	林百舉
年月日	中華民國五年十月七日

0710. 馮天柱

0710. 馮天柱（1884—？），字一擎，又字翼經，湖南零陵（今永州市零陵區）人。1916年10月15日由周詠康介紹入社，入社書編號710。

南社入社書

姓名	馮天柱字一擎
年歲	三十三
籍貫	湖南零陵縣
居址	零陵黃陽司
通訊處	長沙小吳門外甲種工校馮天樞君轉交
介紹人	周詠康
年月日	中華民國五年十月十五號

0711. 謝祖賢

0711. 謝祖賢（1878—？），字次陶，廣東番禺（今廣州市番禺區）人。1916年10月15日由蔡哲夫介紹入社，入社書編號711。

南社入社書

姓名	謝祖賢 字次陶
年歲	三十九
籍貫	廣東省番禺縣
居址	廣東省城小東門外仁秀新街一號
通訊處	仝上
介紹人	蔡哲夫
年月日	五十玄

0712. 王時彥

0712. 王時彥（1889—1957），字寄雲、小隱，號遫汝，別署闇園，江西九江人。1916年由柳亞子介紹入社，入社書編號712。畢業於江西優級師範及中國公學。曾任教於國立社會教育學院，解放後任山東大學教授。

南社社友錄

南社入社書	
姓名	王時彥（寄雲）邀海
年歲	二十七
籍貫	九江
居址	黃老門
通訊處	九江黃老門
介紹人	柳亞子
年月日	

0713. 盧 鑄

0713.盧鑄（1888—？），字可鑄，號滇生，別號匏齋，江西南康（今贛州市南康區）人。1916年10月16日由李根源介紹入社，入社書編號713。

南社入社書

姓名	盧鑄 滇生
年歲	二十九
籍貫	江西南康
居址	
通訊處	上海寗波路興華銀行
介紹人	李根源
年月日	五年十月十六日

0714. 丁潤身

0714. 丁潤身（1887—？），雲南曲靖人。1916 年 10 月 16 日由李根源介紹入社，入社書編號 714。

南社入社書

姓名	丁潤身
年歲	三十
籍貫	雲南曲靖
居址	
通訊處	上海寧波路興華銀行
介紹人	李根源
年月日	五年十月六日

0715. 胡犖

0715. 胡犖（1884—？），字鍔塵，湖南寧鄉人。1916年10月26日由傅熊湘介紹入社，入社書編號715。

南社入社書

姓名	胡 犖 字鑄鷹
年歲	三十三歲
籍貫	湖南寧鄉縣
居址	寧鄉縣西鄉石橋灣
通訊處	寧鄉黃材市郵政分局 現交長沙日報館轉
介紹人	傅君劍
年月日	五年十月廿六日

0716. 徐亞伯

0716. 徐亞伯（1885—？），字俠兒，號公庶，浙江諸暨人。1916年10月30日由費公直、高旭介紹入社，入社書編號716。

南社入社書

姓名	徐亞伯 字俠兒 號公庶
年歲	三十二歲
籍貫	浙江諸暨
居址	金山張堰
通訊處	張堰警察所
介紹人	費公直　高天梅 一瓢代書
年月日	五年十月三十日

0717. 錢模宗

0717.錢模宗（1889—?），字迪先，江蘇金山（今上海市金山區）人。1916年由費公直介紹入社，入社書編號717。

南社社友錄

南社入社書

姓名	錢模宗 號迪先
年歲	二十八
籍貫	金山
居址	張堰
通訊處	轉交 同泰仁 張堰鎮
介紹人	費公直
年月日	

0718. 杜國瑋

0718.杜國瑋（1882—？），字英三，號珊儔，廣東澄海（今汕頭市澄海區）人。1916年由其弟杜國庠介紹入社，入社書編號718。

南社社友錄

南社入社書

姓名	杜國瑋 字英三 又字珊 僑	三十五	廣東省潮循道澄海縣	汕頭澄海縣南洋鄉中社崇本學校	汕頭澄海中學校	杜國瑋 中華民國五年
年歲						
籍貫			前清附貢生歷充澄海普寧本學校崇本學校校長現澄海縣教育會會長中學校教員			
居址						
通訊處						
介紹人						
年月日						

0719. 謝鴻熙

0719. 謝鴻熙（1884—？），字秉璋，號同甫，湖南長沙人。1916年11月2日由傅熊湘介紹入社，入社書編號719。

南社入社書

姓名	謝鴻熙 東璋
年歲	年三十三歲
籍貫	湖南長沙
居址	長沙 富雅里巷謝寓
通訊處	長沙 小東街 省農會
介紹人	傅君劍君
年月日	民國五年十一月二日

0720. 姚大願

0720. 姚大願（1885—？），湖南平江人。1916年11月8日由傅熊湘介紹入社，入社書編號720。

南社入社書

姓名	姚大願
年歲	三十二歲
籍貫	湖南省平江縣
居址	平江縣潮源段
通訊處	湖南湘陰新市街乾萃丰
介紹人	傅君劍
年月日	民國五年十一月八號

0721. 余其鈺

0721. 余其鈺（1890—？），字辛甫，浙江嘉善人。1916年11月11日由其兄余十眉和周芷畦介紹入社，入社書編號721。

南社社友錄

南社入社書

姓名	余其鈺 字輔甫
年歲	二十七
籍貫	浙江嘉善
居住	嘉善西塘鎮南柵
通訊處	西塘鎮轉俞家匯棠新學校
介紹人	周斌 余十眉
年月日	中華民國五年十二月十日

0722. 龔耀宗

0722.龔耀宗（？—？），字滌亞,安徽泗縣人。1916年11月16日由曹斌、戴天球介紹入社，入社書編號722。

南社社友錄

南社入社書	
姓名	龔耀宗 字滌玉
年歲	
籍貫	安徽泗縣
居住	南京王府園楚園街衛宅
通訊處	仝上
介紹人	曹戎 戴天球
年月日	壬年十一月十六日

0723. 孫錫中

0723. 孫錫中（？—？），字佩紳，江蘇六合（今南京市六合區）人。1916年11月16日由曹斌、戴天球介紹入社，入社書編號723。

南社社友錄

南社入社書

姓名	孫錫中 字佩紳
年歲	
籍貫	江蘇六合
居住	六合東門賀宅
通訊處	仝上
介紹人	韓斌 戴天球
年月日	五年十一月十六日

0724. 盧諤生

　　0724.盧諤生（1886—？），又名岳生，字逸少，筆名盧梭魂、盧梭之徒，廣東南海（今佛山市南海區）人。1916年11月18日由蔡哲夫介紹入社，入社書編號724。中國同盟會會員。1905年在廣州創辦《群報》。1906年11月在廣州又創辦《國民報》。1911年7月又與人創辦《天民報》。1912年民國成立後被委任爲南海縣縣長。1918年任國會參議院議員。

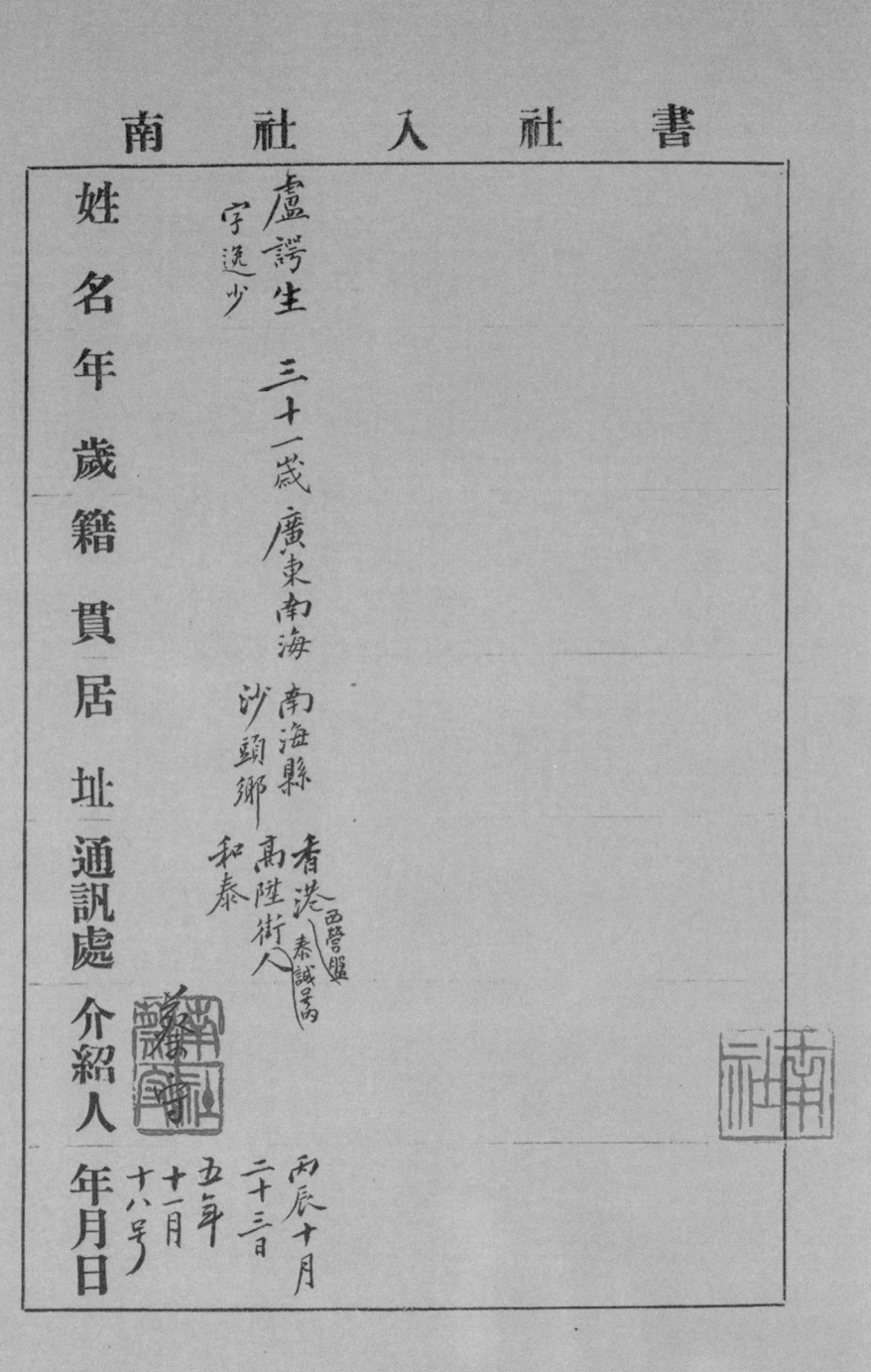

南社社友錄

0725. 蔡濟民

　　0725.蔡濟民（1887—1919），原名國楨，一作國禎，字幼襄，一字幼香，湖北黃陂（今武漢市黃陂區）人。1916年11月19日由周宗澤介紹入社，入社書編號725。早年加入日知會，後加入共進會、中國同盟會，任同盟會湖北分會參議部長。辛亥革命時期任共進會和文學社聯合會參議長。1913年初任黎元洪參謀長。二次革命失敗後潛往日本，加入中華革命黨。1915年4月被孫中山委任爲湖北討袁軍司令。

南社社友錄

南社入社書	
姓名	蔡濟民
年歲	三十歲
籍貫	湖北黃陂
居住通訊處	北京真如鏡十一号
介紹人	周宗澤
年月日	五、十、九、

0726. 邵飄萍

0726. 邵飄萍（1887—1926），原名鏡清，又名振青，字平子，號飄萍，別署青萍、阿平、素昧平生，浙江金華人。1916年11月19日由邵瑞彭介紹入社，入社書編號726。1902年入浙江高等師範學堂。1911年武昌起義後任浙江都督府《浙江公報》編輯。1912年在杭州與杭辛齋創辦《漢民日報》，後因《漢民日報》被查封赴日入東京法政專門學校就讀。1916年春回到上海主持《時事新報》筆政，同時為《申報》、《時報》撰稿，後任《申報》駐京特派員。1918年7月在北京創辦新聞編譯社，同年10月又在北京創辦《京報》。1919年"五四"運動時《京報》被查封，被迫第二次流亡日本，擔任大阪《朝日新聞》社特約記者。1920年下半年回國後復刊《京報》。1925年經李大釗、羅章龍介紹加入中國共產黨。著有《實際應用新聞學》、《新聞學總論》、《綜合研究各國社會思潮》等。

南 社 入 社 書	
姓名	邵飄萍
年歲	二十九
籍貫	浙江金華
居址	前門外五斗齋石侯街
通訊處	仝上
介紹人	邵次公
年月日	五年十一月十九

南社社友錄

0727. 柏文蔚

　　0727. 柏文蔚（1876—1947），字烈武，安徽壽縣人。1916年11月21日由朱少屏、戴季陶介紹入社，入社書編號727。早年與孫毓筠等創立閱書報社。1900年與趙聲等在南京組織強國會。1904年任教於蕪湖安徽公學。1905年與陳獨秀、常恒芳等創立岳王會，任南京分會會長。1911年武昌起義時到秣陵關策動鎮江和南京第九鎮新軍起義，組織江浙聯軍光復南京，後任革命軍第一軍軍長兼北伐聯軍總指揮。1912年南京民國臨時政府成立後出任安徽省都督兼民政廳廳長。1913年響應孫中山號召發動二次革命，宣佈安徽省獨立，在蚌埠成立安徽討袁軍總司令部，任總司令。1914年加入中華革命黨，同年8月參加歐事研究會。1918年任靖國軍川鄂聯軍總指揮，1920年兼任鄂西靖國軍總司令。1923年奉孫中山之命赴廣州參加改組國民黨。1924年當選為國民黨第一屆中央執行委員。著有《五十年革命大事記》等。

南社社友錄

南社入社書	
姓名	柏文蔚
年歲	四十一歲
籍貫	安徽壽縣
居住	上海霞飛路漁陽里八
通訊處	同上
介紹人	朱少屏 戴季陶
年月日	五年十一月二十一日

0728. 俞祖望

0728.俞祖望（1893—1948），字渭儒，一字慧殊，號仗之，後又號諒只，江蘇青浦（今上海市青浦區）人。1916年11月由王大覺介紹入社，入社書編號728。著有《慧殊詩稿》。

南社入社書

姓名	俞祖望 字渭儒 別號仗之
年歲	二十四歲
籍貫	青浦
居住	青浦城內縣後街
通訊處	仝居住
介紹人	王德鍾
年月日	民國五年十一月

0729. 李孟哲

0729.李孟哲（1884—？），又名哲，字少廷，又字哲郎，廣東番禺（今廣州市番禺區）人。1916年11月23日由蔡哲夫介紹入社，入社書編號729。1905年9月在香港加入中國同盟會。民國初期爲廣州《民主報》社成員。

南社入社書

姓名	李孟哲 字哲郎
年歲	三十三歲
籍貫	番禺
居住	廣州府草後街十六號
通訊處	仝上
介紹人	[印章]
年月日	五年十一月廿三日

南社社友錄

0730. 莊尚嚴

0730. 莊尚嚴（1899—1980），字慕陵，號默如，直隸大興（今北京市大興區）人。1916年11月24日由余裴山介紹入社，入社書編號730。1920年入北京大學哲學系，畢業後經北京大學教授沈兼士推薦任清室善後委員會事務員，後任故宮博物院古物館科長。著有《金薤留珍》、《赴英參加倫敦中國藝術國際展覽會記》、《山堂清話》等。

南社入社書

姓名	莊尚嚴　字慕陵　號默如
年歲	十八
籍貫	直隸大興縣
居住	吉林省哈爾濱
通訊處	哈爾濱駐哈黑龍江鐵路交涉局
介紹人	余裴山
年月日	中華民國五年十一月二十四日

0731. 陳耿夫

0731.陳耿夫（1885—1918），字友亭，號耿耿，廣東南海（今佛山市南海區）人。1916年11月24日由蔡哲夫、胡伯孝介紹入社，入社書編號731。1907年加入中國同盟會，任同盟會海防分會書記。1909年後赴香港任《民誼》雜誌編輯。1914年創辦《現象報》，力倡反袁。1916年回到廣州創辦《民主報》，並主持廣州《人權報》筆政。

南社社友錄

南社入社書

姓名	陳耿夫
年歲	三十二
籍貫	廣東南海
居住	廣州市
通訊處	廣州第八甫人權報
介紹人	蔡守
年月日	民國五年十一月廿四

0732. 陳大年

0732. 陳大年（1883—？），字蘿生，一作夢生，廣東南海（今佛山市南海區）人。1916年11月24日由蔡哲夫、胡伯孝介紹入社，入社書編號732。民國初期曾主持廣州《中華新報》。曾參加考古學社。

南社社友錄

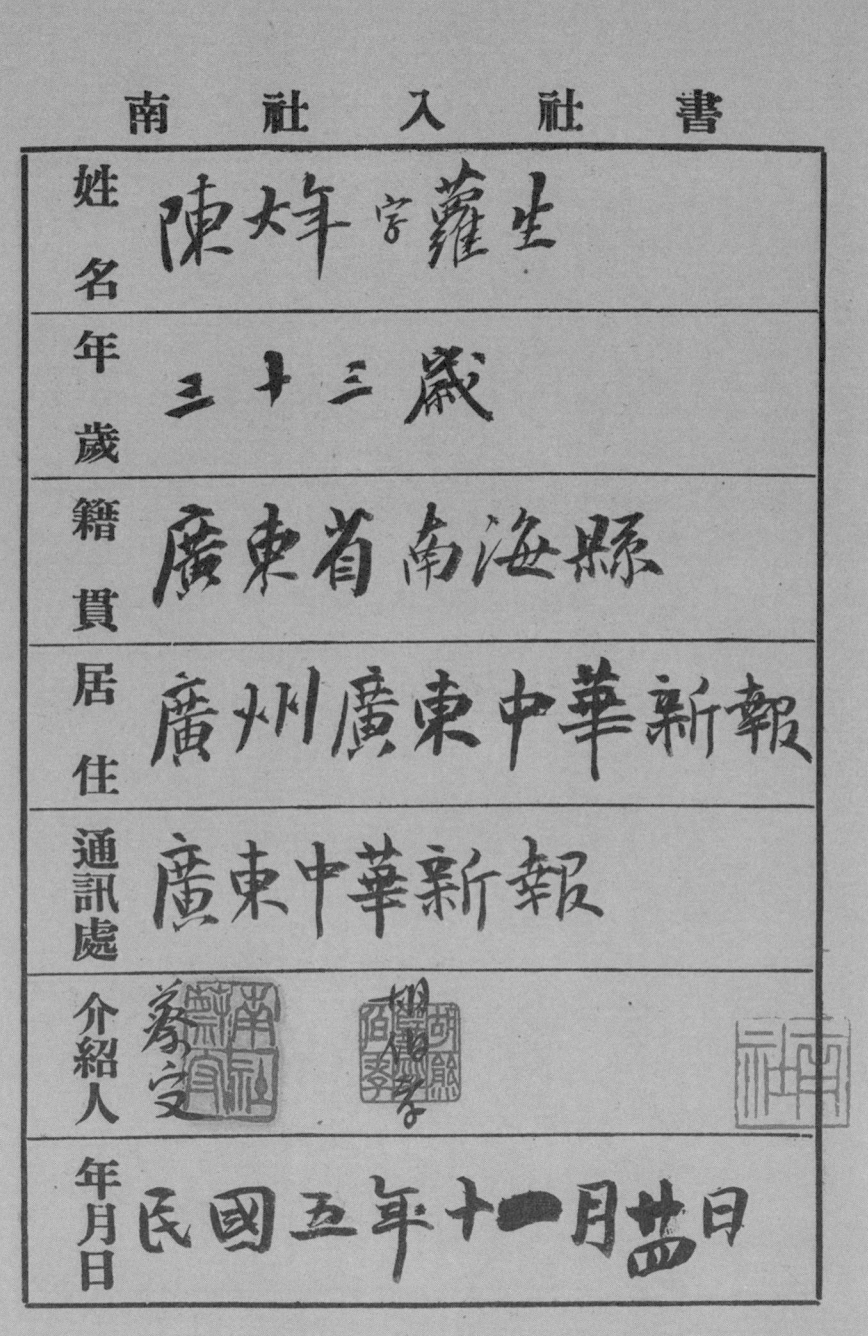

南社入社書

姓名	陳大年 字蘀生
年歲	三十三歲
籍貫	廣東省南海縣
居住	廣州廣東中華新報
通訊處	廣東中華新報
介紹人	蔡守
年月日	民國五年十一月廿日

0733. 劉筱雲

0733.劉筱雲（1883—？），字豫齊，廣東番禺（今廣州市番禺區）人。1916 年 11 月 25 日由蔡哲夫介紹入社，入社書編號 733。

南社入社書

姓名	劉筱雲
年歲	三十四
籍貫	廣州番禺
居住	廣州河南岐興里南四十七號
通訊處	廣州眼鏡街廣澤堂生藥店
介紹人	蔡哲夫
年月日	中華民國二年十一月廿五日

0734. 釋鐵禪

0734. 釋鐵禪（1870—1946），俗名劉秀梅，法名鐵禪，通稱鐵禪和尚，法號心境，又名鐵頭陀，廣東番禺（今廣州市番禺區）人。1916 年 11 月 25 日由蔡哲夫介紹入社，入社書編號 734。1884 年加入劉永福黑旗軍，參加諒山戰役。後入廣州六榕寺爲僧，旋爲住持。1911 年辛亥革命後任廣州中華佛教總會粵支部長。1912 年 4 月參與創辦貞社廣東支部。抗日戰爭時期任日華佛教協會會長、國際佛教協會嶺南支部長。

南社社友錄

南社入社書

姓名	釋鐵禪
年歲	四十七歲
籍貫居住	廣州六榕寺
通訊處	廣州中華佛教總會粵支部
介紹人	蔡守
年月日	中華民國二年十一月廿七日

通訊處：廣州花塔街六榕寺內中華佛教總會粵支部

0735. 馮智慧

0735.馮智慧(1886—？)，字次偉，號春風，廣東番禺(今廣州市番禺區)人。1916年11月29日由蔡哲夫、胡伯孝介紹入社，入社書編號735。曾任廣東《七十二行商報》主筆。著有《春風論文集》。

南社社友錄

南社入社書

姓名	馮筠慧 字次偉
年歲	三十二
籍貫	廣東番禺
居址	外崙門
通訊處	廣東高等師範學校 廣東七十二行商報
介紹人	李籍夫
年月日	元年十一月五日

0736. 黃佛頤

0736. 黃佛頤（1884—？），字慈博，廣東香山（今中山）人。1916年由蔡哲夫、胡伯孝介紹入社，入社書編號736。

南 社 入 社 書	
姓名	號慈博 黃佛頤
年歲	二十三
籍貫	廣東香山
居住	廣州城內 惠愛七約 時中學校
通訊處	同上
介紹人	蔡守
年月日	

0737. 徐紹棨

0737. 徐紹棨（1879—1948），字信符，號舜符，廣東番禺（今廣州市番禺區）人。1916年12月由蔡哲夫、胡伯孝介紹入社，入社書編號737。早年與胡漢民、朱執信等組織群志社，後又與姚禮修等組織廣州詩鐘社。曾任教於廣東師範學堂、廣東大學、中山大學、嶺南大學、廣州大學等校。創辦廣雅印行所，刊行《廣雅叢書》。著有《廣東藏書紀事詩》等。

南社社友錄

南 社 入 社 書		
姓名	徐紹棪 字信符	
年歲	三十八歲	
籍貫	番禺	
居址	狀元橋十五號 廣州 南州徐寓	
通訊處	仝上	
介紹人		
年月日	民國五年十二月	

0738. 劉鳳鏘

0738.劉鳳鏘(1876—？),字耀岐,號西航,廣東南海(今佛山市南海區)人。1916年12月1日由蔡哲夫、胡伯孝介紹入社,入社書編號738。

南社社友錄

南社入社書

姓名	劉鳳鏘號耀岐一字西航
年歲	四十一
籍貫	廣東南海縣
居住	廣州城西門外萬善中約寄廬
通訊處	廣州城第八甫南越報社
介紹人	蔡哲夫
年月日	民國五年十二月廿日

0739. 葉敬常

0739.葉敬常（1886—？），字夢廬，號鏡民，別署鏡明，廣東順德人。1916年12月1日出蔡哲夫、胡伯孝介紹入社，入社書編號739。

南社社友錄

南社入社書

姓名	葉敬常 號夢廬	別字	鏡民
年歲	三十一歲		
籍貫	廣東順德縣		
居址	龍江鎮文魁巷		
通訊處	現寓省城逢源正中約六號		
介紹人			
年月日	五年十二月吉日		

1467

0740. 沈文華

0740. 沈文華（1869—？），字一均，浙江嘉興人。1916 年 12 月 1 日由張傳琨介紹入社，入社書編號 740。

南社入社書

姓名	沈文熒 号一均
年歲	の十八歲
籍貫	浙江加興
居住	加興俺賢塘
通訊處	杭州省議會 加興兩戾俱樂部又嘉福樓
介紹人	張卓子
年月日	五年十二月一日

南社社友錄

0741. 曹毋固

0741. 曹毋固（1884—？），字君儒，浙江嘉善人。1916年12月1日由譚天介紹入社，入社書編號741。

南社社友錄

南社入社書

姓名	曹 毋固 號君儒
年歲	三十三
籍貫	浙江嘉善縣
居住	嘉善城內戴家橋
通訊處	嘉興縣公署教育科
介紹人	譚天
年月日	民國五年十二月一日

0742. 葉志翔

0742. 葉志翔（1889—？），別號浪狂居士，浙江黃巖（今台州市黃巖區）人。1916年12月由譚天介紹入社，入社書編號742。

南社社友錄

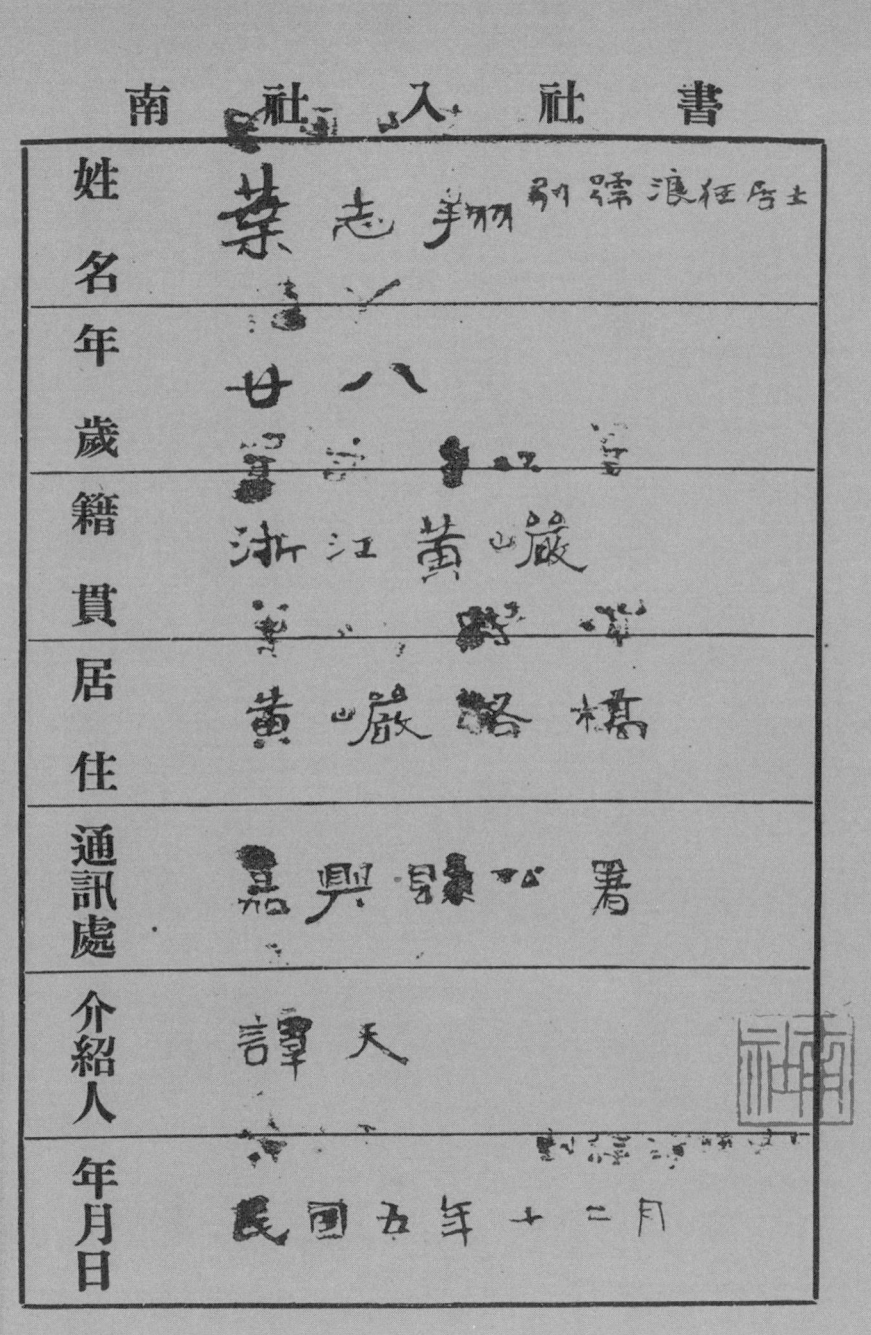

0743. 鄭佩秋

0743.鄭佩秋（1882—？），女，名鳳儀，以字行，福建閩縣（今閩侯）人。1916年12月1日由孫仲瑛、蔡哲夫介紹入社，入社書編號743。

南社社友錄

南社入社書	
姓名	鄭佩秋
年歲	三十五歲
籍貫	閩縣
居住	廣東省城新街九號三樓轉庸常
通訊處	同上
介紹人	孫璞 蔡哲夫
年月日	民國五年十二月一號

0744. 鄧子彭

0744.鄧子彭(1879—1917),號悲觀,廣東南海(今佛山市南海區)人。1916年12月3日由蔡哲夫、李孟哲、胡伯孝介紹入社,入社書編號744。中國同盟會會員。1906年參與創辦《二十世紀報》。1908年應邀任廣州《國民報》主筆、編輯及撰述。1913年二次革命失敗後避走香港,任職《真報》。1916年任廣東《中華新報》記者。

南社入社書

姓名	鄧子彭
年歲	三十八歲
籍貫	南海
居址	廣東中華新報
通訊處	仝上
介紹人	李孟哲
年月日	民國五年十二月三日

0745. 陳覺是

0745.陳覺是（1880—？），廣東三水（今佛山市三水區）人。1916年12月3日由蔡哲夫、陳蘿生、胡伯孝介紹入社，入社書編號745。民初在廣東《中華新報》館供職，後參加廣州詩鐘社。

南社社友錄

南社入社書

姓名	陳覺是
年歲	三十七歲
籍貫	三水
居址	廣東中華新報
通訊處	仝上
介紹人	陳蘿生
年月日	民國五年十二月三日

0746. 唐文駿

0746.唐文駿（1882—？），字仲乾，號蝶癡，浙江嘉善人。1916年12月8日由譚天介紹入社，入社書編號746。

南社入社書

姓名	唐文駿字仲乾自號蝶癡
年歲	三十五歲
籍貫	浙江嘉善
居住	浙江嘉興城內東門大街
通訊處	嘉興縣公署政務科
介紹人	譚天
年月日	民國五年十二月八日

0747. 趙宗健

0747. 趙宗健（1885—？），字古松，號無我，江蘇溧陽人。1916年12月8日由譚天介紹入社，入社書編號747。

南社入社書

姓名	趙宗健 號古松 別署 无我
年歲	三十二
籍貫	江蘇溧陽縣
居住	嘉興火德廟前
通訊處	嘉興縣公署政務科
介紹人	譚天
年月日	民國五年十二月捌日

0748. 王慶康

0748. 王慶康（1875—？），字壽民，江蘇銅山（今徐州市銅山區）人。1916年12月10日由徐世階介紹入社，入社書編號748。

南社入社書

姓名	王慶康字壽民
年歲	四十二歲
籍貫	江蘇銅山
居住	銅山城北大山
通訊處	徐州南門外狀元府李元參
介紹人	徐世階
年月日	民國三年十二月十日

0749. 鄧章興

0749. 鄧章興（1881—？），字紹穆，號虛舟書室主，廣東東莞人。1916年12月10日由蔡哲夫、馮智慧、胡伯孝介紹入社，入社書編號749。

南社社友錄

南社入社書

姓名	鄧章興 字紹穆
年歲	三十六歲
籍貫	廣東東莞
居址	東莞城內象塔街小園
通訊處	廣州小南門內高華里盧角書室
介紹人	蔡哲夫 馮衣慧 胡會孝
年月日	五年十二月十號

南社社友錄

0750. 陸丹林

　　0750.陸丹林（1894—1972），字自在，號楓園，別署非素，廣東三水（今佛山市三水區）人。1916年12月12日由蔡哲夫、胡伯孝介紹入社，入社書編號750。1911年廣州起義前加入中國同盟會。曾主編香港《大光報》、《中國晚報》、《大風》、《道路月刊》、《國畫月刊》、《逸經》、《蜜蜂畫刊》、《廣東文物》、《人之初》等報刊。著有《嶺南吟》、《藝術論文集》、《當代人物誌》、《南社的創立與停頓》、《楓園瑣談》等。

南社社友錄

南社入社書

姓名	林時丹
年歲	廿三
籍貫	廣東三水縣
居址	
通訊處	廣東陳村安和街培英學校
介紹人	蔡守 胡伯孝
年月日	民國三年十二月十武日

0751. 譚炳堃

0751. 譚炳堃（1894—？），字愚生，廣東豐順人。1916年12月13日由蔡哲夫、胡伯孝介紹入社，入社書編號751。

南社社友錄

南社入社書

姓名	譚炳堃字愚生
年歲	二十三歲
籍貫	廣東豐順
居址	廣東高等師範學校
通訊處	廣東高等師範學校
介紹人	胡伯孝
年月日	民國五年十二月十三日

0752. 李滄萍

0752. 李滄萍（1898—？），字菊生，號漢聲，廣東豐順人。1916年12月13日由蔡哲夫、胡伯孝介紹入社，入社書編號752。1916年就讀於廣東高等師範學校。曾任中山大學中國文學系教授。

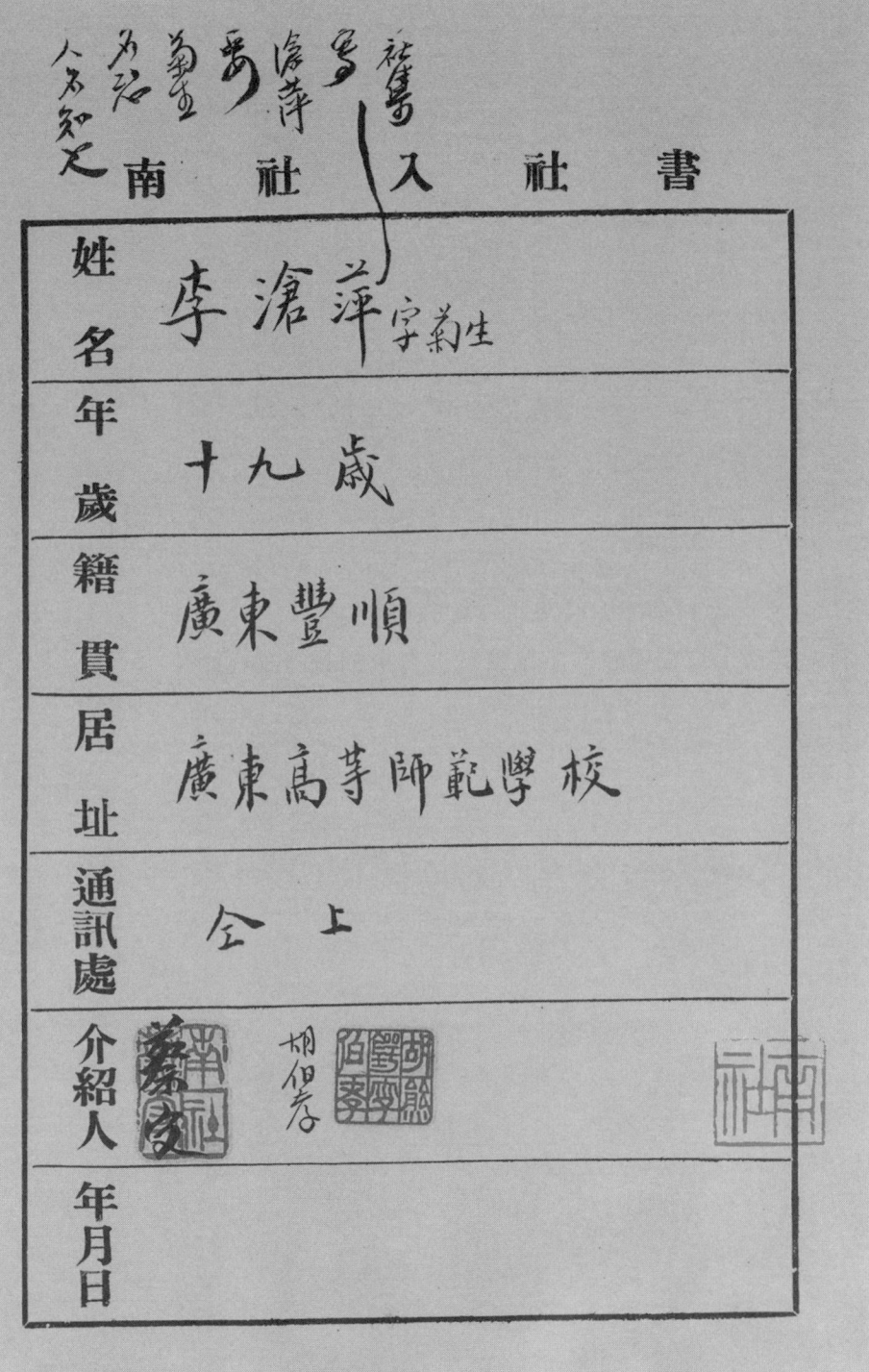

0753. 金問源

0753.金問源（1890—1978），字敬淵，號勤齋，浙江秀水（今嘉興）人。1916年12月14日由張傳琨介紹入社，入社書編號753。出身名門，早年畢業於復旦公學財政學堂，曾任中央銀行國庫局襄理、科長。1961年9月被聘爲上海文史研究館館員。著有《勤齋詩詞集》。

南社社友錄

南社入社書

姓名	金问源 号啟開
年歲	二十六
籍貫	浙江秀水
居住	平湖小街
通訊處	嘉興南堰高士祠
介紹人	張半月
年月日	五年十二月十四

0754. 淩蕙纕

0754.淩蕙纕（1897—1929），女，字紉芳，江蘇吳江(今蘇州市吳江區)人。1916年12月20日由鄭佩宜介紹入社，入社書編號754。

南社入社書

姓名	淩蕙纕 字級芳
年歲	二十
籍貫	吳江
居住	周莊後港
通訊處	周莊後港王大覺轉
介紹人	鄭佩冝
年月日	五十二十

0755. 劉漢貞

　　0755.劉漢貞（1889—？），字冠廷，廣東香山(今中山)人。1917年1月1日出蔡哲夫、胡伯孝介紹入社，入社書編號755。

南社社友錄

南 社 入 社 書

姓名	劉漢貞 別字冠廷
年歲	二十九
籍貫	廣州香山
居住	香山 隆都屯邨
通訊處	廣州香山 隆都屯邨
介紹人	（印章）
年月日	陸年元月一日

0756. 楊汝禧

0756. 楊汝禧（1874—？），字仲裪，廣東香山（今中山）人。1917年1月1日由劉超武、蔡哲夫、胡伯孝介紹入社，入社書編號756。

南社入社書

姓名	楊汝禧 別號仲祹
年歲	四十四歲
籍貫	廣東香山隆都鎮
居址	申明亭鄉
通訊處	香山石岐康衢街聯勝店
介紹人	劉甦盦
年月日	民國六年元月一號

0757. 金鶴翔

0757.金鶴翔（1865—1931），字琴一，號幼香，別號病鶴居士，後署"病鶴"，江蘇常熟人。1911年冬由龐樹柏介紹入社，後補填入社書，入社書編號757。爲常熟虞社發起人及名譽社長。著有《病鶴詩稿》、《病鶴詞稿》、《讀越縵堂日記隨錄》、《石鼓文考》、《浮樓詞抄》、《西湖新舊夢》、《浙遊詩詞草》等。

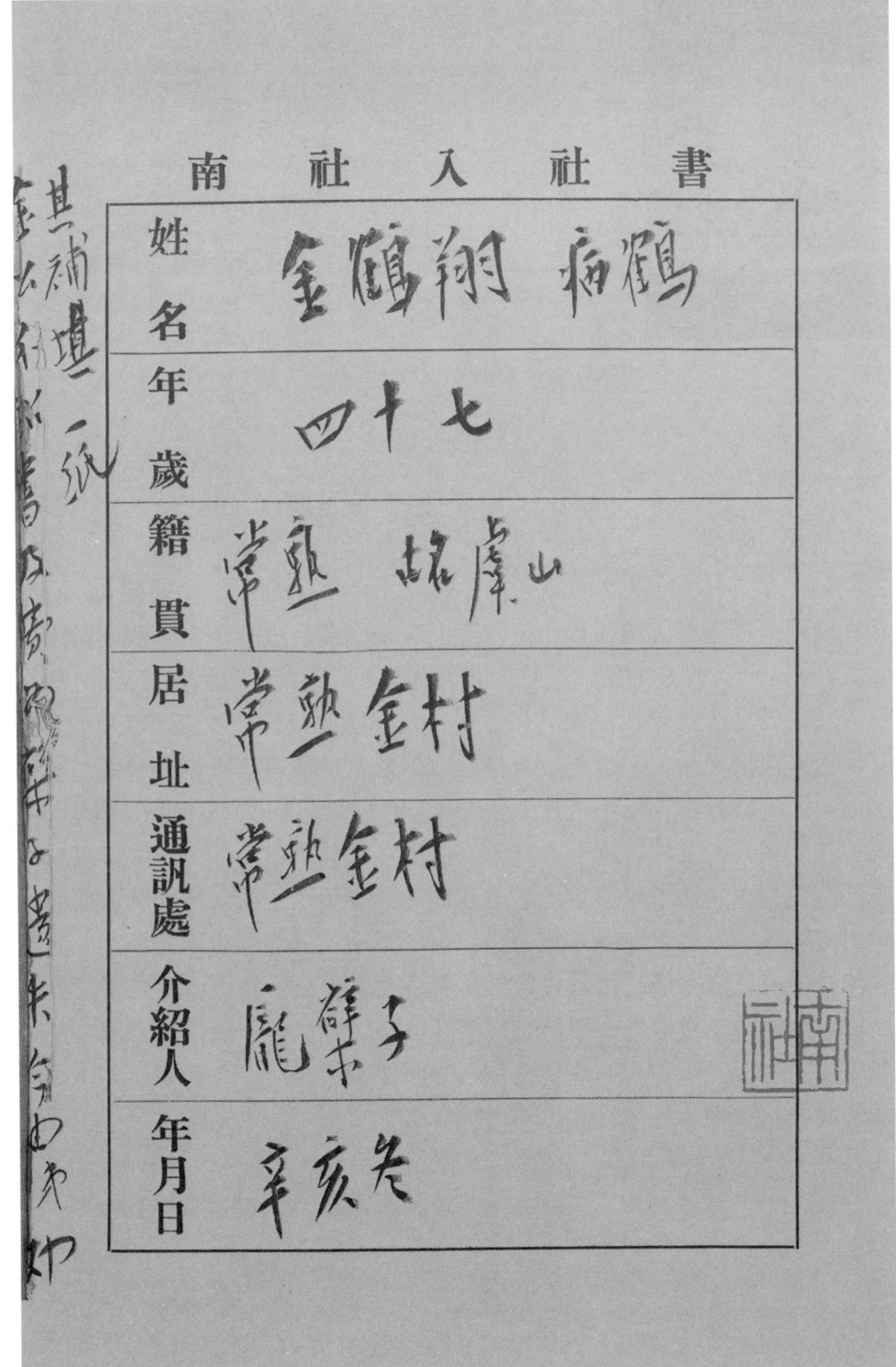

南社社友錄

0758. 鄒 魯

0758.鄒魯（1885—1954），原名澄生，字澄齋，一字澄廬，號海濱，別署亞蘇、阿蘇，廣東大埔人。1916年由蔡哲夫、柳亞子介紹入社，入社書編號758。1903年就讀於潮州韓山書院。1905年加入中國同盟會。1907年在廣州創辦潮嘉師範學校，後入廣東法政學堂。1910年在廣州創辦《民報》。1911年4月參加廣州起義，廣東光復後與姚雨平等組織廣東北伐軍，任兵站總監。1912年以廣東省代表身份任民國政府國會眾議院議員。1913年因揭露袁世凱殺害宋教仁、親自起草彈劾袁世凱違法大借款議案，遭秘密通緝而流亡日本，入早稻田大學。1914年7月加入中華革命黨，擔任《民國》雜誌編輯，旋加入歐事研究會。1917年被孫中山委任為護法軍政府財政部次長，在護法戰爭中曾一度出任潮梅軍總司令。後又任兩廣鹽運使、廣東省財政廳廳長。1923年被孫中山委任為廣東高等師範學校校長、廣東大學籌備委員會主任，後數校合併為廣東大學，任校長。1924年當選為國民黨中央執行委員、常務委員兼青年部部長。1932年任國民政府委員兼廣州中山大學校長。著有《鄒魯文存》、《澄廬詩集》、《回顧錄》、《中國國民黨黨史稿》、《日本對華經濟侵略史》、《二十九國遊記》、《黃花崗七十二烈士事略》等。

南社社友錄

南社入社書

姓名	鄒魯 字海濱
年歲	三十二
籍貫	廣東大埔
居住	大埔城內
通訊處	北京西城䭷房大胡同 廣州長堤照霞樓
介紹人	蔡哲夫　柳亞子
年月日	

南社社友錄

0759. 張相文

　　0759. 張相文（1867—1933），字蔚西，一作慰西，號南園，晚號沌穀居士，江蘇泗陽人。1916年由高旭介紹入社，入社書編號759。1899年任上海南洋公學教習，講授地理與國文。1901年編著我國第一部地理教材《初等地理教科書》。1902年編著《中等地理教科書》。1903年任壽州"阜豐"及淮安"阜財"兩所商業學校校長。1904年任兩廣師範講習所教員。1905年撰寫《地文學》並編寫《地質學教科書》，是我國最早的自然地理學和地質學教材；又與張謇等在上海組織教育總會，並加入中國同盟會。1909年9月與白毓崑等在天津發起成立中國地學會，任會長，並於翌年2月編輯出版中國最早的地理學期刊《地學雜誌》。著有《地文學》、《中國地理沿革史》、《長城考》、《佛學地理誌》等。

南社入社書

姓名	張相文 字蔚西
年歲	五十
籍貫	江蘇 泗陽縣
居住	北京西單牌樓達智營
通訊處	
介紹人	高旭
年月日	民國五年

0760. 劉壽朋

0760. 劉壽朋（1886—？），字仲生，江西九江人。1916年由李根源介紹入社，入社書編號760。

南社入社書	
姓名	劉壽朋 字壽朋
年歲	三十一
籍貫	江西九江
居住	九江中學校對門
通訊處	陝西省長公署 廣東樂昌縣署
介紹人	李根源
年月日	民國五年

0761. 陳予齡

0761.陳予齡（1892—？），字無那，廣東潮安（今潮州市潮安區）人。1916年3月10日由蔡哲夫、盧諤生、葉敬常、邵麗雲介紹入社，入社書編號761。

南社社友錄

南社入社書

姓名	陳子齡字無那
年歲	二十五
籍貫	廣東潮安縣
居住	潮安庵埠水吼橋石獅巷
通訊處	廣東潮安庵埠霞露鄉耀德學校轉交
介紹人	蔡哲夫 盧諤生 葉夢壘 邵丽雲
年月日	民國五年三月十號

0762. 劉曾玲

0762.劉曾玲（1896—？），女，字綺痕，江蘇青浦（今上海市青浦區）人。1916年3月25日由許競存介紹入社，入社書編號762。

南社入社書

姓名	劉曾玲 綺痕
年歲	二十一歲
籍貫	江蘇青浦
居住	江蘇太倉
通訊處	太倉北門朱宅
介紹人	許蘇華女士
年月日	五年三月廿五日

0763. 洪奂

0763. 洪奂（1893—？），字堇父，浙江淳安人。1916年6月24日由邵瑞彭介紹入社，入社書編號763。

南社社友錄

南 社 入 社 書

姓名	洪巽字堇父
年歲	二十四歲
籍貫	浙江淳安
居址	淳安東鄉宋村
通訊處	淳安縣城蛟山小學校
介紹人	邵次公
年月日	民國五年六月廿四日

0764. 容伯挺

0764. 容伯挺（1885—1922），廣東新會（今江門市新會區）人。1916年8月15日由孫仲瑛介紹入社，入社書編號764。早年留學日本，加入中國同盟會。1912年回到廣東從事黨務活動。1915年10月任廣州《中華新報》主筆。1916年任廣東肇慶軍務院秘書廳秘書，襄贊討袁軍務。後歷任廣東省參議會議員、省長公署公報所所長、財政廳參議、印刷局局長等職，兼任《中華新報》社長和主筆。

南社入社書

姓名	容伯挺
年歲	三十二歲
籍貫	新會縣
居住	廣州太平沙通津中華新報館 南園內容宅
通訊處	仝上南園內
介紹人	孫仲瑛
年月日	民國五年八月十三日

0765. 朱鏡宙

0765. 朱鏡宙（1889—1985），字鐸民，浙江樂清人。1916年9月由邵瑞彭介紹入社，入社書編號765。早年畢業於杭州師範講習所。1912年入浙江法政學校讀書。曾任杭州《自由報》、《民鐸報》編輯，溫州《天聲報》主筆，並自創《天鐘報》。1915年赴滬入《民信報》供職。1916年任北京《民蘇報》編輯。1917年任廣州護法軍政府參議。1918年任新加坡《國民日報》總編輯。著有《五乘佛法與中國文化》等。

南社入社書

姓名	朱鏡宙字鐸民
年歲	二十八歲
籍貫	浙江樂清縣
居址	樂清東鄉瑤岙
通訊處	北京民蘇日報
介紹人	邵次公
年月日	民國五年九月

0766. 鄧香草

0766.鄧香草（1890—1966），號警亞，廣東三水（今佛山市三水區）人。1916年11月出蔡哲夫介紹入社，入社書編號766。1905年9月在香港加入中國同盟會。1910年任《平民日報》主筆。1916年先後在廣東《中華新報》、《天聲報》任職。1918年回廣州恢復《平民日報》，支持孫中山的護法運動。1924年任國民黨中央機關報《民國日報》編輯。

南社社友錄

南社入社書

姓名	鄧香草 字警亞
年歲	二十七
籍貫	三水
居址	廣東中華新報（天殼）
通訊處	仝上
介紹人	蔡哲夫
年月日	民國五年十一月

0767. 黃希憲

0767. 黃希憲（1875—？），字履平，江蘇吳縣（今蘇州市吳中區）人，原籍安徽休寧。1916年12月3日由高旭、陳去病介紹入社，入社書編號767。

南社入社書

姓名	黃希憲 履平 江東隱叟
年歲	四十二歲
籍貫	江蘇吳縣 花里庵
居址	蘇州十梓街49
通訊處	同上
介紹人	高旭 陳城
年月日	民國五年十二月二十三

南社社友錄

0768. 易宗夔

0768.易宗夔（1875—1925），原名鼐，字蔚儒，一字偉輿，別署味月叟，湖南湘潭人。1916年12月4日由高旭、田桐、陳家鼎介紹入社，入社書編號768。1904年留學日本，入東京法政學堂。回國後任湖南諮詢局議員、北京資政院議員、法典編纂委員會纂修。1913年任國會眾議院議員、憲法起草委員會委員；後國會解散，回湘經營實業。1916年後又兩度擔任國會眾議院議員。1923年任北京政府國務院法制局局長。著有《新世說》。

南社入社書

姓名	易宗夔 字蔚儒
年歲	四十二歲
籍貫	湖南湘潭 寄籍外蒙古札薩克圖汗
居址	潘家河沿
通訊處	潘家河沿
介紹人	高旭　田桐　陳家鼎
年月日	民國五年十二月四号

0769. 張振麒

0769. 張振麒（1864—？），字天石，號醉石，別署醉僧，甘肅武威人。1916年12月7日由高旭介紹入社，入社書編號769。

南社入社書

姓名	張振麒 字天石 號醉石 別號醉 曾號醉
年歲	五十三歲
籍貫	甘肅武威人
居址	北京
通訊處	北京外城棉花下六條西口路北
介紹人	高天梅
年月日	民國五年十二月七日

0770. 王 汾

0770. 王汾（1878—1942），字達泉，號達庵，別號明月梅花館主，江蘇吳江（今蘇州市吳江區）人，原籍浙江嘉興。1916年12月7日由黃復、顧悼秋介紹入社，入社書編號770。

南社入社書

姓名	王珍 號蓮泉又字達庵
年歲	三十九
籍貫	寄籍 吳江 嘉興 原籍 浙江
居住	堂徬內 陳存仁 西市 梨里
通訊處	仝上
介紹人 年月日	傾悼秋 七日 黃病蝶 丙辰十月

0771. 伍 仲

0771.伍仲（1894—？），字子恒，一字子衡，號涵虛，湖南沅陵人。1916年12月13日由張傳琨介紹入社，入社書編號771。

南社社友錄

南社入社書	
姓名	伍仲 恒字子別酒廬號
年歲	二十三
籍貫	沅陵
居住	中南門
通訊處	本宅
介紹人	張卓身
年月日	丙辰十二月十三日

0772. 潘壽元

0772. 潘壽元（1881—?），字魯庵，安徽桐城人。1916年12月21日由鄒遇介紹入社，入社書編號772。

南社入社書

姓名	潘壽元，魯庵
年歲	三十六
籍貫	安徽桐城縣
居住	安慶平心橋
通訊處	上海簞路南里通林交社　北京大耳胡同十二號
介紹人	鄒秋士
年月日	五年十二月二十一日

0773. 王德錡

0773. 王德錡（1901—1984），字振威，一字二癡，號秋厓，後更名大可，江蘇青浦（今上海市青浦區）人。1916年12月25日由柳亞子介紹入社，入社書編號 773。

南社入社書

姓名	王德鋌 号振威 又号二痴（秋屋）
年歲	十六
籍貫	青浦
居住	周莊後港
通訊處	周莊後港
介紹人	柳亞子
年月日	民國五年十二月廿五号

0774. 蔡少牧

0774.蔡少牧（1872—？），字行嚴，廣東順德人。1916年12月由蔡哲夫介紹入社，入社書編號774。

南社入社書

姓名	蔡少牧　別號 行嚴
年歲	四十五歲
籍貫	廣東順德縣龍江鄉人
居址	廣州現寓仰忠街天馬巷廣東女子體育學校
通訊處	仝上
介紹人	蔡哲夫
年月日	民國五年十二月

0775. 周松年

0775.周松年（1897—？），字竹朋，廣東南海（今佛山市南海區）人。1916年12月由蔡哲夫、蔡行嚴介紹入社，入社書編號775。

南社社友錄

南社入社書

姓名	周松年 辭竹朋
年歲	二十歲
籍貫	廣東南海縣
居址	廣州新豆欄南約十六號
通訊處	仝上
介紹人	蔡少牧 黎文安
年月日	民國五年十二月

0776. 柳榮煦

0776. 柳榮煦（1892—？），字煦甫，浙江紹興人。1916 年 12 月 29 日由蔡哲夫介紹入社，入社書編號 776。

南社入社書	
姓名	柳榮煦 號煦甫
年歲	二十五歲
籍貫	浙江紹興
居住	寄寓廣州老城小石街（小北門內）第三十一號門牌柳寓
通訊處	廣州老城小石街三十一號柳寓
介紹人	
年月日	丙辰十二月廿九日

0777. 陳沨芹

0777.陳沨芹（1900—？），廣東南海（今佛山市南海區）人。1917年1月1日由蔡哲夫、李孟哲介紹入社，入社書編號777。

南社入社書

姓名	陳汚芹
年歲	十八
籍貫	廣東南海
居住	
通訊處	廣州草芳後街六號 篁春照墨多
介紹人	蔡守 李孟哲
年月日	民國六年一月一号

0778. 羅志遠

0778. 羅志遠（1887—？），字敏夫，廣東順德人。1917年1月1日由蔡哲夫、葉敬常介紹入社，入社書編號778。

南社社友錄

南社入社書

姓名	羅敏夫 名志逖
年歲	廿一
籍貫	廣東順德
居址	龍江俊寧里
通訊處	廣州書坊街湖山書院
介紹人	蔡哲夫 葉敬常
年月日	民國六年一月一号

0779. 黃 永

0779. 黃永（1870 —？），字青海，廣東香山（今中山）人。1917年1月1日由蔡哲夫介紹入社，入社書編號779。

南社社友錄

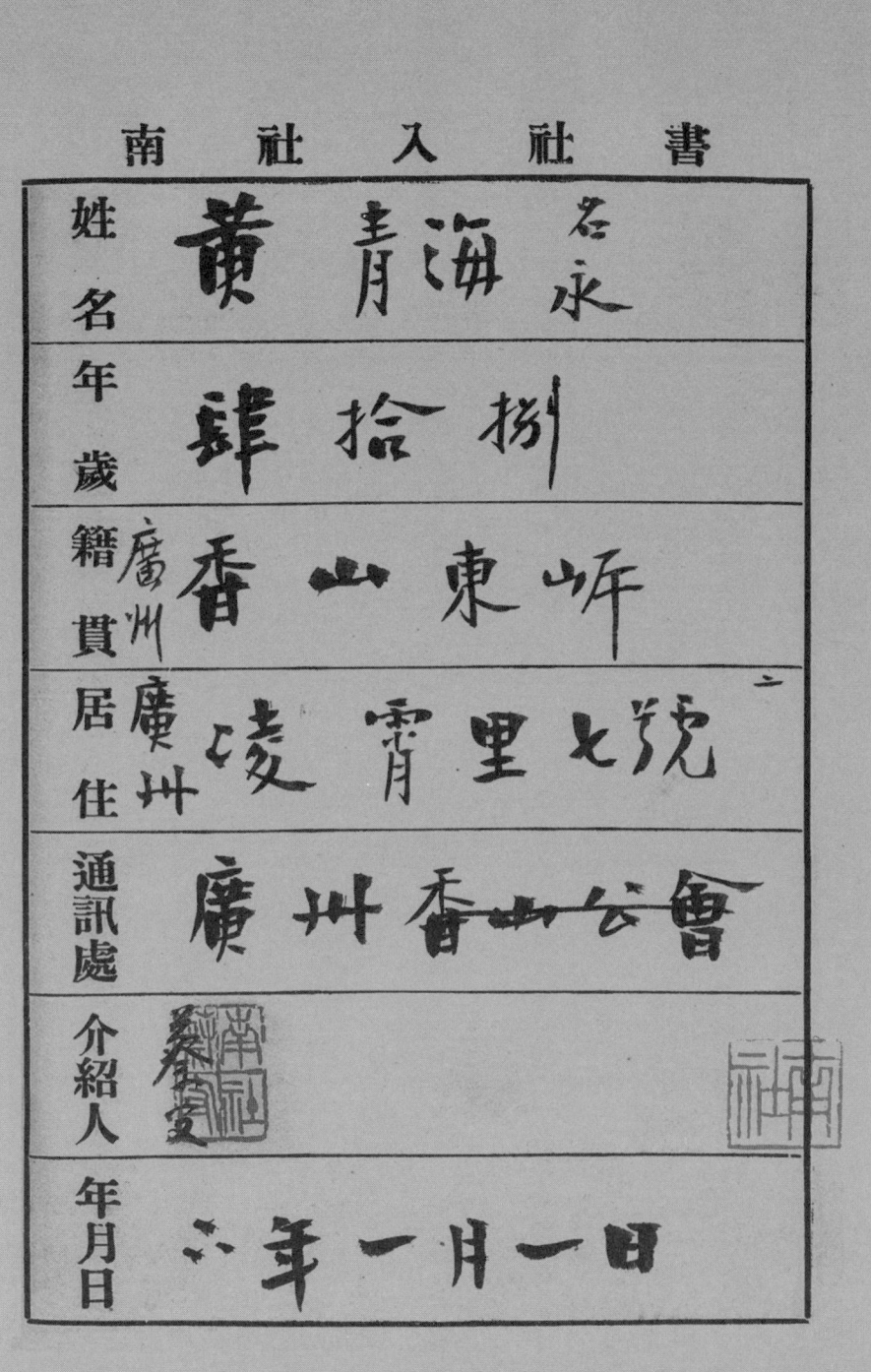

南社入社書

姓名	黃青海 名永
年歲	肆拾捌
籍貫	廣州 香山東岸
居住	廣州 凌霄里七號
通訊處	廣州香山公會
介紹人	
年月日	六年一月一日

0780. 張遠煦

0780. 張遠煦（1875—？），字笠琴，號悔庵，廣東番禺（今廣州市番禺區）人。1917年1月1口由蔡哲夫、胡伯孝、劉超武介紹入社，入社書編號780。

南社社友錄

南社入社書

姓名	張悔廬 一字笠羣（名遠照）
年歲	四十三歲
籍貫	廣東番禺縣
居址	廣州惠城甘水巷四十號
通訊處	仝上
介紹人	蔡哲夫　胡伯孝　劉趠武
年月日	民國六年一月一号

0781. 麥應榮

0781. 麥應榮（1882—？），號袞甫，廣東香山（今中山）人。1917年1月1日由劉超武、蔡哲夫介紹入社，入社書編號781。

南社社友錄

南社入社書

姓名	麥應榮 號衮甫
年歲	三十六歲
籍貫	廣東香山
居址	廣東香山欖鎮
通訊處	同上 或廣西南寧公源銀店 臨時通訊西房知通
介紹人	劉超武
年月日	民國六年元月壹號

0782. 吳恭亨

0782. 吳恭亨（1857—1937），字悔晦，號巖村，別署彈赦，湖南慈利人。1917年1月1日由傅熊湘介紹入社，入社書編號782。辛亥革命後赴長沙，被舉爲湖南省議會議員。著有《對聯話》、《悔晦堂詩集》、《悔晦堂雜詩》、《彈赦集》、《悔晦堂叢書》、《悔晦堂文集》等。

南社社友錄

南社入社書

姓名	吳恭亨 字悔晦 又字巖村
年歲	六十
籍貫居址	湖南慈利縣城慈利
通訊處	同上
介紹人	傅尃良
年月日	中華民國六年一月一日

0783. 曾 格

0783.曾格（1893—？），字品仁，號泣花，江蘇常熟人。1917年1月1日由淩景堅介紹入社，入社書編號783。1913年夏與郭佛魂、金天翮等創建東社。

南社入社書

姓名	曾 格 品仁別字泣花
年歲	二十五歲
籍貫	常熟
居住	常熟西門讀書里
通訊處	上海寶山路尚公學校
介紹人	凌筆安
年月日	六年一月一日

0784. 朱汝玉

0784.朱汝玉（1894—？），女，一名慧，字瓊瓊，號月明，江蘇吳縣（今蘇州市吳中區）人。1917年1月1日由費公直、吳素秋介紹入社，入社書編號784。

南社入社書

姓名	朱汝玉 号月明 字渡二 一名慧
年歲	二十四
籍貫	江蘇吳縣
居址	吳縣周莊鄉洗鶴漊
通訊處	蘇州周莊洪橋塊陳宅內
介紹人	費公雄 吳肇
年月日	民國六年一月一日

0785. 裘明溥

0785. 裘明溥（1896—？），女，字雪照，浙江嘉善人。1917年1月1日由其丈夫郁佐梅介紹入社，入社書編號785。

南社社友錄

南社入社書

姓名	本社 明溥 雪照
年歲	二十二歲
籍貫	浙江 嘉善
居住	西塘鎮
通訊處	西塘旭華女校
介紹人	郁佐梅
年月日	民國六年八月

0786. 鄧家仁

0786. 鄧家仁（1868—？），字君壽，廣東三水（今佛山市三水區）人。1917 年 1 月 9 日由李孟哲、蔡哲夫介紹入社，入社書編號 786。

南社入社書

姓名	鄧家仁 號辰壽
年歲	五十歲
籍貫	廣東三水縣
居住	河南同德新街二号
通訊處	西關 時敏學堂
介紹人	李孟哲 蔡受
年月日	六年一月九日

0787. 霍庶明

0787. 霍庶明（1880—？），以字行，廣東南海（今佛山市南海區）人。1917 年由蔡哲夫介紹入社，入社書編號 787。

南社入社書

姓名	霍庶明（以字行） 已故
年歲	三十八歲
籍貫	南海縣
居住	原籍石灣 現寓佛山
通訊處	粉行街合記香 佛山大觀 廣東
介紹人	蔡哲夫
年月日	

0788. 韓 緒

　　0788. 韓緒（1892—？），字組原，號楚原，浙江海寧人。1917年1月14日由李拙介紹入社，入社書編號788。

南社社友錄

南社入社書

姓名	韓緒 字緹原 號楚原
年歲	二十六
籍貫	海寧
居住	硤石
通訊處	芋蔦等中學校
介紹人	古松菴孫本康
年月日	六年一月十四日

0789. 邵汝芳

0789.邵汝芳（1878—？），字麗雲，廣東電白（今茂名市電白區）人。1917年1月15日由蔡哲夫介紹入社，入社書編號789。

南社入社書

姓名	邵汝芳 字麗雲 號啟
年歲	四十歲
籍貫	廣東電白縣
居址	廣州城正南街鳳崗道第二號
通訊處	廣州雨帽街八屬學會
介紹人	蔡守
年月日	六一十五

0790. 楊濟震

0790.楊濟震（1898—1959），字佩玉，號孤室，江蘇吳江（今蘇州市吳江區）人。1917年1月21日由徐麟介紹入社，入社書編號790。著有《孤室記》、《孤室小說稿》、《孤室詩稿》和《孤室文稿》等存世。

南社社友錄

南社入社書

姓名	楊濟震 佩孤 玉宝
年歲	二十
籍貫	吳江
居住	蘇州同里東埭
通訊處	仝上
介紹人	徐泉孫
年月日	六年一月廿一日

0791. 梁楚三

0791. 梁楚三（1884—？），廣東東莞人。1917 年 1 月 25 日由蔡哲夫、陳覺殊介紹入社，入社書編號 791。曾任職廣州第八甫《采風報》。

南社入社書	
姓名	梁楚三
年歲	三十四
籍貫	廣東東莞縣
居住	羊城第八甫東風報
通訊處	仝上
介紹人	陳覺是
年月日	民國六年正月廿五號

0792. 黃元琳

0792.黃元琳（1893—1943），字稚鶴，號自愕，江蘇吳江(今蘇州市吳江區)人。1917年1月27日由黃復介紹入社，入社書編號792。早年參加酒社。曾供職於吳江縣糧食局。

南社社友錄

南社入社書

姓名	黃元琳 別字愕 稚鶴
年歲	二十四
籍貫	吳江
居住	街 鎮橫 黎里
通訊處	仝上
介紹人	黃病蝯
年月日	民國六年正月二十七日

0793. 李思轅

0793. 李思轅（1886—？），字濟章，廣東五華人。1917年1月28日由蔡哲大介紹入社，入社書編號793。早年入香港皇仁書院，後加入中國同盟會。曾任《中國日報》主筆，參加過廣州黃花崗起義。1913年曾參加二次革命。1919年後任廣州市財政局局長。

南社社友錄

南社入社書

姓名	李思轅
年歲	三十二
籍貫	廣東五華縣
居住	廣~~州城裕康~~里五號
通訊處	廣州~~第八~~市采風報
介紹人	[印]
年月日	正月廿八日

0794. 周公權

0794. 周公權（1887—1959），原名道和，後改名公權，字衡伯，江蘇睢寧人，周祥駿子。1917年1月30日由柳亞子、徐世階介紹入社，入社書編號794。1902年入清江學堂就讀，後畢業於南京三江師範學堂。1914年5月因其父被張勳殺害避走淮陰。1917年在邳縣經營博濟藥棧。1920年任睢寧勸學所所長。著有《周公權詩稿》。

南社社友錄

南社入社書

姓名	伯衡字權公 周
年歲	三十一
籍貫	睢寧縣
居址	睢寧風山鄉馬家淺
通訊處	邳縣舊邳州博濟藥棧
介紹人	柳亞子 徐希平
年月日	民國六年一月三十日

0795. 顧宗況

0795. 顧宗況（1876—？），字企先，號滌盦，浙江嘉興人。1917年1月由張傳琨介紹入社，入社書編號795。

南社入社書

姓名	顧宗沇先企 別號淋 會
年歲	四十二歲
籍貫	浙江嘉興
居住	嘉興王江涇
通訊處	嘉興南堰
介紹人	張卓身
年月日	六年一月

0796. 張世楨

0796. 張世楨（1878—1935），字樹屏，浙江海鹽人。1917年2月1日由高旭介紹入社，入社書編號796。1911年杭州光復後出任浙軍軍需處長。1913年當選爲民國政府國會衆議院議員，同年與人集資在杭州創辦《之江日報》。1918年在家鄉海鹽創辦興武小學，任校長。

南社社友錄

南社入社書

姓名	張世楨 樹屏
年歲	三十九歲
籍貫居址	浙江海鹽
通訊處	北京南橫街全浙新館
介紹人	高天梅
年月日	本年二月一日

0797. 楊鶴廉

0797.楊鶴廉（1888—？），廣東新會（今江門市新會區）人。1917年2月5日由李孟哲、蔡哲夫介紹入社，入社書編號797。1913年任江門覺覺學校校長，後當選爲廣州議會議員。

南社入社書

姓名	楊鶴廉
年歲	三十
籍貫	廣東新會縣
居住	廣州市
通訊處	廣州第八甫民意報
介紹人	李孟哲
年月日	六年二月五日

0798. 盧博郎

0798. 盧博郎（1880—？），原名祖燊，字百朋，號博郎、博浪，廣東新會（今江門市新會區）人。1917年2月5日由李孟哲、蔡哲夫介紹入社，入社書編號798。1909年任廣州《南越報》編輯。1910年任《平民日報》主編，與盧諤生、李孟哲創辦《天民報》，又在香港創辦《新漢日報》。1916年任廣州《時敏報》編輯。1923年任廣州《新國華報》編輯。

南社社友錄

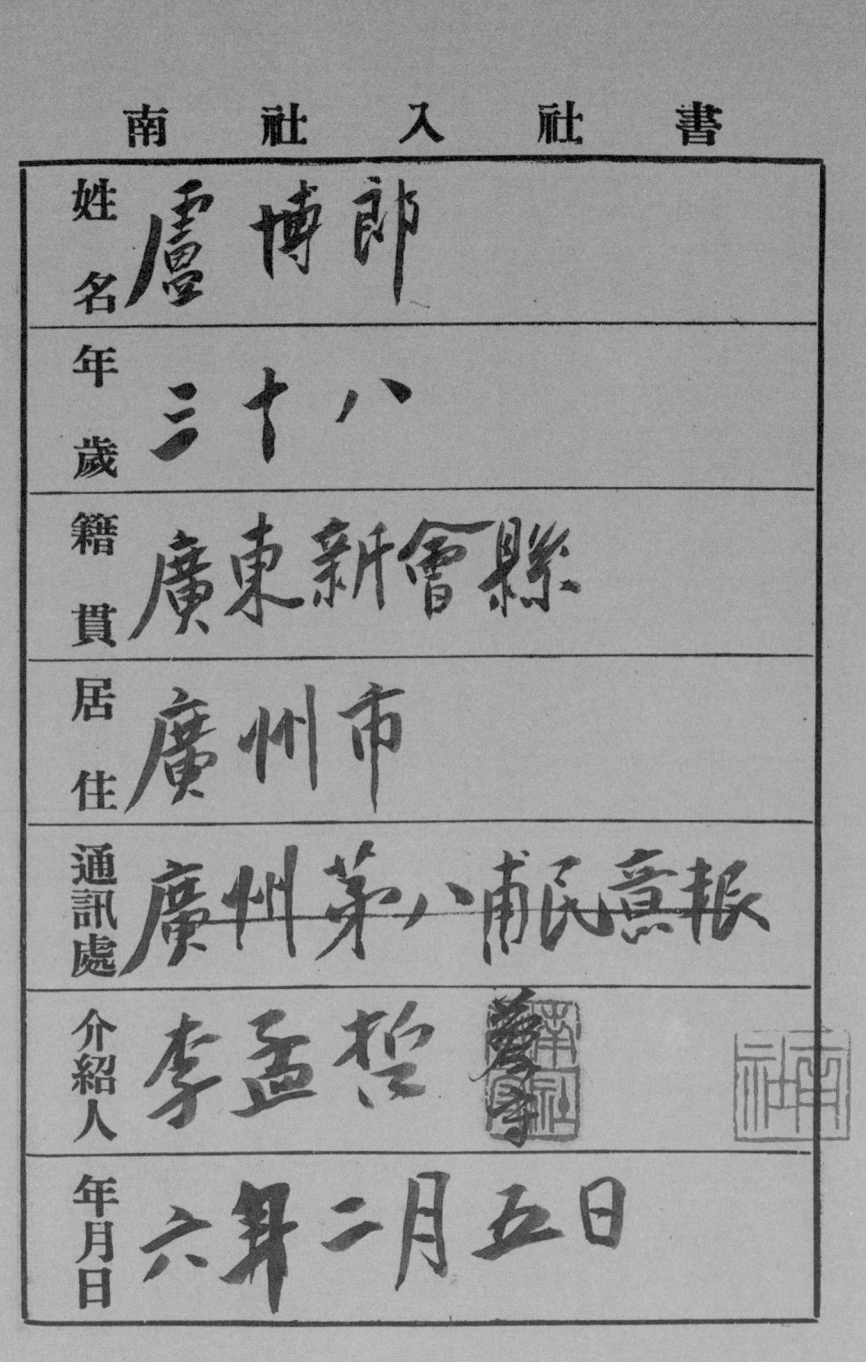

南 社 入 社 書	
姓名	盧博郎
年歲	三十八
籍貫	廣東新會縣
居住	廣州市
通訊處	廣州第八甫民意報
介紹人	李孟哲
年月日	六年二月五日

0799. 陳湛綸

0799. 陳湛綸（1881—？），字新吾，廣東順德人。1917年2月6日由陳耿夫、李孟哲、盧博郎、蔡哲夫介紹入社，入社書編號799。

南社社友錄

南社入社書	
姓名	陳湛綸 字新吾
年歲	三十七
籍貫	廣東廣州順德
居住	廣州省城逢源大街廣州法校
通訊處	仝上
介紹人	陳耿夫 李哲郎 盧博朗 蔡哲夫
年月日	六年二月六日

0800. 張 洛

0800. 張洛（1893—？），女，字傾城，號獨立，別署秋喜、阮簽，廣東合浦（今屬廣西）人，蔡哲夫之妻。1917年2月7日由鄭佩秋、鄭佩宜介紹入社，入社書編號800。

南社入社書

姓名	張洛 字媜娍 [印：張媜娍]
年歲	二十五
籍貫	廣東合浦
居住	廣東小東門內河邊二十二号
通訊處	仝上
介紹人	鄭佩秋 鄭佩窒
年月日	六年二月七日

0801. 蕭錫祥

　　0801. 蕭錫祥（1893—1956），字吉珊，廣東潮陽（今汕頭市潮陽區）人。1917 年 2 月 9 日由蔡哲夫介紹入社，入社書編號 801。早年畢業於廣東國立高等師範學校。1917 年任潮陽縣勸學所所長。1924 年初黃埔軍校創辦時任軍校秘書。1929 年出任國民政府僑務委員。1930 年當選爲國民黨南京市特別黨部常務委員。1935 年任中央執行委員。1936 年一度奉派回粵，任廣東省政府委員，主持廣東僑務。1937 年抗日戰爭全面爆發後，續任國民黨中央執行委員，並任中央監察委員會秘書長、海外部副部長、"國大代表"等職。

南社入社書

姓名	蕭錫祥 字吉珊
年歲	二十五歲
籍貫	廣東潮陽縣
居住	廣州高等師範學校
通訊處	廣州小南門內高等師範校
介紹人	蔡守
年月日	民國六年二九

0802. 黃興謨

0802. 黃興謨（1880—？），字季通，廣東曲江（今韶關市曲江區）人。1917年2月10日由黃青海、蔡哲夫介紹入社，入社書編號802。

南社入社書

姓名	黃興謨 号季通
年歲	三十八歲
籍貫	廣東曲江縣
居住	⁽廣州⁾省城五福二巷五十号
通訊處	仝上
介紹人	黃青海　蔡寅
年月日	六年二月十日

0803. 鍾天游

0803. 鍾天游（1888—？），廣東新會（今江門市新會區）人。1917年2月10日由楊鶴廉介紹入社，入社書編號803。

南社入社書

姓名	鍾天游
年歲	三十歲
籍貫	新會縣
居住	廣州打銅街福衢窩
通訊處	香港上環米街公昇和
介紹人	楊鶴康先生
年月日	六年二月十號

0804. 何榮光

0804. 何榮光（1877—？），字澹香，號寶生，湖北安陸人，原籍湖南。1917年2月10日由汪洋介紹入社，入社書編號804。

南社入社書

姓名	何燊光　詹香，宓生
年歲	四十一歲
籍貫	原籍湖南寄籍湖北安陸縣
居住	湖北德安西城鮮魚街
通訊處	同上
介紹人	汪洋
年月日	民國六年二月十日

0805. 張毅白

0805. 張毅白（1893—？），以字行，廣東東莞人。1917 年 2 月 10 日由鄧寄芳、蔡哲夫介紹入社，入社書編號 805。

南社社友錄

南 社 入 社 書

姓名	張毅白 別字毅白
年歲	二十五歲
籍貫	廣東省東莞縣
居址	廣東省城河南
通訊處	廣東省城河南洗涌兆豐棧
介紹人	鄧爾雅 蔡守
年月日	民國六年二月十日

0806. 吳履泰

0806. 吳履泰（1894—？），字砥如，廣東揭陽人。1917年2月12日由蔡哲夫介紹入社，入社書編號806。

南社入社書

姓名	吳廈泰 字砥如
年歲	二十四
籍貫	廣東揭陽
居址	曲溪舊路筐鄉
通訊處	汕頭永和街潮興利 （寫範等師 現在廣東）
介紹人	蔡文
年月日	民國六年二月十二日

0807. 呂 俊

0807. 呂俊（1888—？），字哲公，號苦蝶，廣東新會（今江門市新會區）人。1917年2月14日由蔡哲夫介紹入社，入社書編號807。

南社入社書

姓名	呂哲 名俊 又字苦梗
年歲	卅歲
籍貫	廣東新會縣江門
居址	香港大道西一百三十九號三樓
通訊處	香港大道西一百三十九號叁樓
介紹人	蔡哀
年月日	民國六年二月十四號

0808. 吳家驊

0808. 吳家驊（1893—1937），字介庵，一作介安，江蘇吳江（今蘇州市吳江區）人。1917年2月15日由黃復介紹入社，入社書編號808。

南社入社書

姓名	吳家驥 字介巷
年歲	二十五
籍貫	吳江
居住	吳江黎里
通訊處	黎里北市泰豐染坊轉
介紹人	黃病蝶
年月日	民國六年二月十五日

0809. 謝　達

0809.謝達（？—？），字昌渠，四川巴縣(今重慶市巴南區)人。1917年2月15日由戴天球介紹入社，入社書編號809。

南社入社書

姓名	謝達 字昌渠
年歲	
籍貫	四川巴縣
居住	
通訊處	
介紹人	戴星一
年月日	六年二月十五日

0810. 陳雲峰

0810. 陳雲峰（1897—？），號瘦石，廣東三水（今佛山市三水區）人。1917年2月16日由鄧寄芳、蔡哲夫介紹入社，入社書編號810。

南社社友錄

南社入社書	
姓名	陳雲崎　別字雲峯　又号瘦石
年歲	二十一歲
籍貫	廣東省廣州三水
居住	廣州小東門外越秀坊中約三号
通訊處	仝上
介紹人	鄧爾芳
年月	民國六年二月十六日

0811. 劉雲昭

0811. 劉雲昭（1887—1962），字漢川，江蘇蕭縣（今屬安徽）人。1917年2月20日由徐世階介紹入社，入社書編號811。1910年畢業於清江江北師範學堂。1912年任臨時大總統府參議。1924年當選爲中央執行委員。1937年"七七"事變後，受李宗仁之邀赴徐州任第五戰區抗敵總動員委員會秘書長。1949年出席中華人民共和國開國大典，歷任民革中央團結委員、蘇北人民行政公署委員、蘇北行署救災委員會主任、揚州市政協副主席、江蘇省政府參事室參事、民革揚州市委員會主任委員等職。

南社入社書	
姓名	劉雲昭 漢川
年歲	三十一歲
籍貫	江蘇蕭縣
居住	蕭縣
通訊處	蕭縣教育會轉
介紹人	徐世階
年月日	民國六年二月二十日

0812. 丁繡章

0812. 丁繡章（1887—？），字錦文，江蘇高郵人。1917年2月20日由曹鳳儀、卞永璋介紹入社，入社書編號812。

南社入社書

姓名	丁繡章 字錦文
年歲	三十一
籍貫	高郵
居住	臨澤鎮
通訊處	吉陞棧
介紹人	曹鳳儀　卞永璋
年月日	六年二月二十日

0813. 范國才

0813. 范國才（1879—？），字俊夫，號淮狂，安徽懷遠人。1917年2月21日由余裴山介紹入社，入社書編號813。

南社入社書

姓名	范國才字俊夫別號淮狂
年歲	三九
籍貫	安徽懷遠縣
居住	哈埠吉林省立甲種商業學校
通訊處	本校校長室
介紹人	余貞一
年月日	民國六年二月二十一日

0814. 劉 哲

0814.劉哲（1891—？），字一明，一字佚民，號古狂，江蘇江都（今揚州市江都區）人。1917年2月26日由程華魂介紹入社，入社書編號814。

南社入社書

姓名	劉哲 字一萌 一字俠 別氏 別號 古狂
年歲	二十七
籍貫	江蘇江都
居住	揚州城內
通訊處	揚州城內左衛街全節堂封希仙代收 縣公署休寧又安徽 收發處
介紹人	程華魂
年月日	六年二月廿六日

0815. 朱大倬

0815. 朱大倬（1879—？），字甫田，號綺琴，安徽休寧人。1917 年 2 月 26 日由程華魂介紹入社，入社書編號 815。

南社社友錄

南社入社書

姓名	朱大偉 字甫 別田 號琹
年歲	三十九
籍貫	安徽休寧
居住	仝上
通訊處	代收 字店 新刻 王復 門橋 縣西 休寧
介紹人	程華魂
年月日	六年二月廿六日

0816. 陳 崟

0816. 陳崟（1885—？），字金山，號心冷，江蘇宿遷人。1917年2月27日由徐世階介紹入社，入社書編號816。

南社入社書

姓名	陳鋆字金山號心冷
年歲	三十三
籍貫	江蘇宿遷縣
居住	宿遷縣埠子集
通訊處	安徽滁縣古樓定遠王寓收轉
介紹人	徐世階
年月日	民國六年二月二十七日

0817. 廖恩照

0817.廖恩照（1887—？），字朗如，廣東惠陽（今惠州市惠陽區）人。1917年2月27日由鄧寄芳、蔡哲夫介紹入社，入社書編號817。

南社入社書

姓名	廖恩照 字朗如
年歲	三十一
籍貫	廣東惠陽縣
居住	香港灣仔石水渠街七十二號
通訊處	香港雪廠街劉鑄伯寫字樓
介紹人	鄧寄芳
年月日	六年二月廿七號

0818. 顧 璿

0818.顧璿（1891—？），女，字蝶影，江蘇太倉人，張劉之妻。1917年2月由柳亞子、鄭佩宜介紹入社，入社書編號818。

南社入社書

姓名	顧 璠 蝶影
年歲	二十七歲
籍貫	江蘇太倉縣
居址	浮橋鎮
通訊處	浮橋鎮張宅
介紹人	柳亞子宜 鄭佩宜
年月日	民國六年二月

0819. 顧瑛

0819. 顧瑛（1897—？），女，字綴英，江蘇太倉人，顧璿之妹。1917年2月由柳亞子、張花魂介紹入社，入社書編號819。

南社入社書

姓名	顧 瑛 綴英
年歲	二十一歲
籍貫	江蘇太倉縣
居址	楊林鄉
通訊處	浮橋鎮顧蝶影轉
介紹人	柳亞子 張花魂
年月日	民國六年二月

0820. 徐韻笙

0820. 徐韻笙（1891—？），字蘭毓，江蘇太倉人。1917年2月由柳亞子、張花魂介紹入社，入社書編號820。

南社入社書	
姓名	徐韻笙 蘭毓
年歲	二十七歲
籍貫	江蘇太倉縣
居址	太倉市
通訊處	太倉王宅前
介紹人	柳亞子 張花魂
年月日	民國六年二月

0821. 馬超群

0821.馬超群(1875—？),字逢伯,號適齋,江蘇松江(今上海市松江區)人。1917年3月22日由高燮介紹入社,入社書編號821。1922年6月在吉林組織松陽藝社。曾編纂《吉林省礦產志略》。

南社入社書

姓名	馬起騏 適盦
年歲	四十三
籍貫	江蘇松江
居住	松江西門外包家橋西
通訊處	吉林鈴菌衙公署
介紹人	高吹萬
年月日	六年二月

0822. 郁世爲

0822. 郁世爲（1883—？），字佐皋，一字左皋，浙江嘉善人。1917年3月22日由周芷畦、余十眉和其弟郁佐梅介紹入社，入社書編號822。

南社社友錄

南社入社書

姓名	郁世為 號左裏
年歲	三十五
籍貫	浙江 嘉善
居住	西塘
通訊處	西塘 民郵均可
介紹人	周斌 郁世羹
年月日	丁巳 二月 廿九日

南社社友錄

0823. 經亨頤

　　0823. 經亨頤（1877—1938），字子淵，號石禪、頤淵，別署石禪居士、臨淵閣士、臨淵居士、長松山房、長松山房主人，浙江上虞（今紹興市上虞區）人。1917年3月由李叔同介紹入社，入社書編號823。1903年東渡日本留學，入東京高等師範學校數學物理科；後加入中國同盟會。1908年回國任浙江官立兩級師範學堂教務長。後曾任浙江兩級師範學校校長、浙江省立第一師範學校校長，兼任浙江省教育會會長。主持出版《教育週報》、《教潮》等雜誌。1914年加入李叔同主持的樂石社。1920年任北京高等師範學校總務長兼學生自治指導委員長；後在白馬湖畔主持春暉中學，任校長。1924年兼任寧波浙江省立第四中學校長。1925—1926年客居上海，與何香凝、姜丹書、謝公展等發起組織寒之友社。1931年"九一八"事變後舉辦救國書畫義賣活動，來支持抗日救亡運動。著有《頤淵印集》、《頤淵書畫集》、《頤淵詩集》等。

南社入社書

姓名	經亨頤 子淵
年歲	四十一歲
籍貫	浙江上虞
居址通訊處	浙江省城頭髮巷 杭州第一師範學校
介紹人	李叔同
年月日	丁巳閏二月

南社社友錄

0824. 劉景初

0824.劉景初（1885—？），廣東寶安（今深圳市寶安區）人。1917年3月25日由劉筱雲、蔡哲夫、釋鐵禪介紹入社，入社書編號824。

南社入社書

姓名	劉景初
年歲	三拾三
籍貫	廣東 寶安縣
居住	香港西營盤西邊街十三號 (省)城西濠口二馬路大新公司—書員
通訊處	仝上
介紹人	劉筱雲 錢祥
年月日	丁巳閏二月初三日

0825. 金保泰

0825.金保泰(1857—？)，字柳橋，號悔翁，廣東番禺(今廣州市番禺區)人，原籍遼東。1917年4月1日由釋鐵禪、劉西航、蔡哲夫介紹入社，入社書編號825。

南社社友錄

南社入社書

姓名	金保泰 字柳橋 號翰悔
年歲	六十一歲
籍貫	遼東寄籍廣州番禺
居住	廣州城惠愛二約一四六號
通訊處	同上
介紹人	鐵祥 劉西航
年月日	閏二月 丁巳 六年

0826. 何 瑞

0826.何瑞(1877—？),字玉宸,號荔村,廣東新會(今江門市新會區)人。1917年4月1日由釋鐵禪、劉西航、蔡哲夫介紹入社,入社書編號826。

南社社友錄

南社入社書

姓名	何瑞 別字玉宸 一號荔村
年歲	四十一歲
籍貫	廣東新會人
居住	廣東新會城南甯街緝熙堂
通訊處	仝上
介紹人	鐵禪 劉西航
年月日	六年閏二月初十日 丁巳

0827. 楊鴻年

0827. 楊鴻年（1886—？），字壽人，號秋心，別號瘦人，江蘇丹徒（今鎮江市丹徒區）人。1917年3月1日由柳亞子介紹入社，入社書編號827。

南社社友錄

南社入社書

姓名	號秋心 字壽人 楊鴻年
年歲	三十二歲
籍貫居住	江蘇丹徒 寄蘇州閶門內義巷
通訊處	仝上
介紹人	柳亞子
年月日	民國與年 青一岳

0828. 蒯文偉

0828. 蒯文偉（1892—1925），字一斐，江蘇吳江（今蘇州市吳江區）人。1917年3月1日由黃復介紹入社，入社書編號828。出身於書香門第，幼承家學，詩才敏捷。1914年冬參加消寒社。1915年又參加消夏社、酒社。著有《醒夢庵詩鈔》。

南社社友錄

南社入社書	
姓名	斐 偉文 剛
年歲	二十五
籍貫	吳江
居住	第內中憲新橋梨里
通訊處	仝上
介紹人	蛙病黃
年月日	民國六年首百一

0829. 王志明

0829. 王志明（1894—？），字靜安，號寄石，江蘇無錫人。1917年3月3日由柳亞子介紹入社，入社書編號829。

	南 社 入 社 書	
姓名	王志昉	字 靜安 別署 壽石
年歲	二十四歲	
籍貫	江蘇省無錫縣	
居住	查家橋	
通訊處	江蘇無錫查家橋王恆源號收轉	
介紹人	柳亞子先生	
年月日	中華民國六年三月三日	

0830. 田興奎

0830.田興奎（1876—1958），原名瑜叔，字星六、醒陸，別署辛廬、晚秋、破帽僧，湖南鳳凰人。1917年3月3日由傅熊湘介紹入社，入社書編號830。早年留學日本，先後加入同志會和中國同盟會。回國後任四川省軍醫學堂提調，創辦《蜀報》。新中國成立後被聘爲湖南省文史研究館館員。著有《秋夜堂詩集》。

南社社友録

南社入社書

姓名	田興奎 號晚秋 号僧文 別號破帽僧 一字醇蓬 字星六
年歲	四十歲
籍貫	湖南鳳皇縣
居址	南城外 洞井坎 本宅
通訊處	慈利知事公署 南城外 又鳳皇 本宅
介紹人	傅鈍安
年月日	民國六年三月

0831. 田名瑜

0831.田名瑜(1892—1981),又名名譽,字个石,別署老頑皮、半癡老人,湖南鳳凰人。1917年3月3日由傅熊湘介紹入社,入社書編號831。1910年入長沙湖南高等學堂。1913年在常德辦《沅湘日報》。1917年曾任職於湖南慈利縣知事公署。1951年被聘爲國務院文史研究館館員。編有《殘雜詩稿》五卷。

南社入社書

姓名	字个石 田名瑜
年歲	二十五
籍貫	湖南鳳凰縣
居住	湖南鳳凰縣東門井熊家院子
通訊處	本宅又利縣知事公署
介紹人	傅鈍安
年月日	民國六年三月三日

0832. 盧友恒

0832. 盧友恒（1887—？），廣東新會（今江門市新會區）人。1917年3月3日由盧博郎、蔡哲夫介紹入社，入社書編號832。

南社入社書

姓名	盧友恒
年歲	三十一歲
籍貫	廣州新會縣
居住	潮連鄉蘆鞭水亭
通訊處	廣州新會 仝上
介紹人	盧博郎 蔡哲夫
年月日	中華民國六年三月三日

0833. 盧卓文

0833. 盧卓文（1892—？），字悔塵，廣東新會（今江門市新會區）人。1917年3月10日由蔡哲夫、陳菊伊介紹入社，入社書編號833。

南社入社書

姓名	盧卓文 字梅塵
年歲	二十六歲
籍貫	廣東,新會
居住	新會,潮連,蘆鞭鄉,海田坊,二千三百〇二号
通訊處	廣東汕頭澄海商埠地方審判廳
介紹人	蔡守 陳兆年
年月日	六年三月十日

南社社友錄

0834. 吳 虞

0834. 吳虞（1872—1949），原名姬傳、永寬，字又陵、幼陵，號愛智，筆名吳吾，別署不丘生、啟明翁、飲水居士等，四川新繁（今成都市新都區）人。1917年3月12日由柳亞子、謝無量介紹入社，入社書編號834。1905年赴日本東京法政大學留學，主編《醒群報》；1907年畢業回國，先後在嘉定府中學堂、成都府中學堂、官辦法政學堂等校任教，主編《蜀報》、《西成報》、《公論日報》、《政治公報》等。1919年在《新青年》雜誌發表《家屬制度爲專制主義之根據論》、《吃人與禮教》、《說孝》諸文，抨擊封建禮教與儒家學說。1921年被北京大學聘爲國文系教授，又任北京高等師範學校國文系教授。1931年成都大學、四川大學、師範大學三校合併爲國立四川大學後，在該校講授國文和諸子文。著有《辛亥雜詩》、《吳虞文錄》、《吳虞文錄續錄》、《吳虞文錄別錄》、《吳虞日記》等。

南社社友錄

南社入社書

姓名	吳虞 別字又陵 變智
年歲	年四十五 歲
籍貫	新繁 成都
居住	成都少城柵子街十三號二
通訊處	同上
介紹人	柳亞子 謝无量
年月日	中華民國十三年六月二日

0835. 江鎮三

0835.江鎮三（1888—？），字海飄，湖南新寧人。1917年3月14日由王瘦月介紹入社，入社書編號835。早年留學日本，畢業於東京明治大學法科。回國後歷任上海南方大學、群治大學、法科大學、中國公學、大陸大學、復旦大學、大夏大學、法政大學、暨南大學教授及法科、法律系主任。著有《刑法名論》、《刑法新論》、《新刑法總論》等。

南社入社書	
姓名	江鎮三
年歲	三十歲
籍貫	湖南新寧縣
居址	蘇州城內花街巷二十號
通訊處	同上
介紹人	王瘦月
年月日	六年三月十四日

0836. 郁世烈

0836. 郁世烈（1884—？），字慎廉，浙江嘉善人。1917年3月15日由王大覺、余十眉和其弟郁佐梅介紹入社，入社書編號836。

南社社友錄

姓名	郁世烈 慎廉
年歲	廿の
籍貫	浙江加善
居住	西塘鎮
通訊處	西塘縣立第二高等小學校
介紹人	王大覺 郁佐程
年月日	三月拾芳.

0837. 沈琬華

0837. 沈琬華（1892—？），女，字範娟，浙江嘉善人，余其鏘之妻。1917年3月由余十眉、周芷畦介紹入社，入社書編號837。

南社入社書

姓名	沈琬 華號範娟
年歲	二十六
籍貫	浙江 嘉善
居住	浙江嘉善西塘鎮南柵余宅
通訊處	仝上
介紹人	眉周 芷畦
年月日	民國六年三月

0838. 余 湘

0838. 余湘（1907—1997），字選初，號小眉，浙江嘉善人。1917年3月由郁佐梅和其父余十眉介紹入社，入社書編號838。1925年入上海大同大學。後曾在南京女子中學、無錫女子中學、杭州民眾教育學校、紹興中學等校任教。著有《我和天一閣》、《柳亞子軼事》等。

南社入社書

姓名	余湘 號 小眉 字 選初
年歲	十一歲
籍貫	浙江 嘉善
居住	浙江 嘉善 西塘鎮
通訊處	浙江 嘉善 西塘鎮 余柵宅
介紹人	郁佐梅
年月日	民國六年三月

0839. 劉國瑛

0839. 劉國瑛（1892—？），字菊侶，江蘇武進(今常州市武進區)人。1917年3月由柳亞子介紹入社，入社書編號839。

南社入社書

姓名	劉國瑛字菊侶
年歲	二十六歲
籍貫	武進縣
居住	丹陽南橋
通訊處	如上
介紹人	柳亞子
年月日	六年三月

0840. 韓汝紳

0840.韓汝紳（1882—？），字摺之，江蘇高郵人。1917年3月由曹鳳笙、曹斌、龔六英介紹入社，入社書編號840。1911年在江南高等巡警學堂畢業。1917年金陵法政學校法律別科畢業後，執律師業。

南社社友錄

南社入社書	
姓名	韓汝紳 播之
年歲	三十六
籍貫	江蘇高郵
居住	高郵北門
通訊處	協隆錢莊
介紹人	曹鳳笙 曹文斌 龔六棻
年月日	六年三月

0841. 李 中

0841. 李中（1881—？），字徇公，江蘇太倉人。1917年3月由朱瘦桐介紹入社，入社書編號841。民國初期曾供職於太倉縣通俗教育館。

南社入社書

姓名	李中 號洵公
年歲	年三十七歲
籍貫	江蘇太倉縣
居住	太倉東門內火神廟南
通訊處	太倉縣通俗教育館 果橋塊城內因
介紹人	朱嗣
年月日	六年三月

0842. 周學仕

0842. 周學仕（1877—？），字通甫，廣東番禺（今廣州市番禺區）人，原籍浙江嘉善。1917年3月20日由蔡哲夫介紹入社，入社書編號842。撰有《廣東省羅定縣誌》。

南社社友錄

南社入社書

姓名	周學仕 字通甫
年歲	四十一
籍貫	原浙江嘉善人 今隸番禺
居址	現任廣東羅定縣知事
通訊處	廣州太平沙天祥二十七號
介紹人	蔡守
年月日	六三廿

0843. 朱克昌

0843. 朱克昌（1898—？），字鳳言，廣東番禺（今廣州市番禺區）人。1917年3月20日由蔡哲夫介紹入社，入社書編號843。

南社社友錄

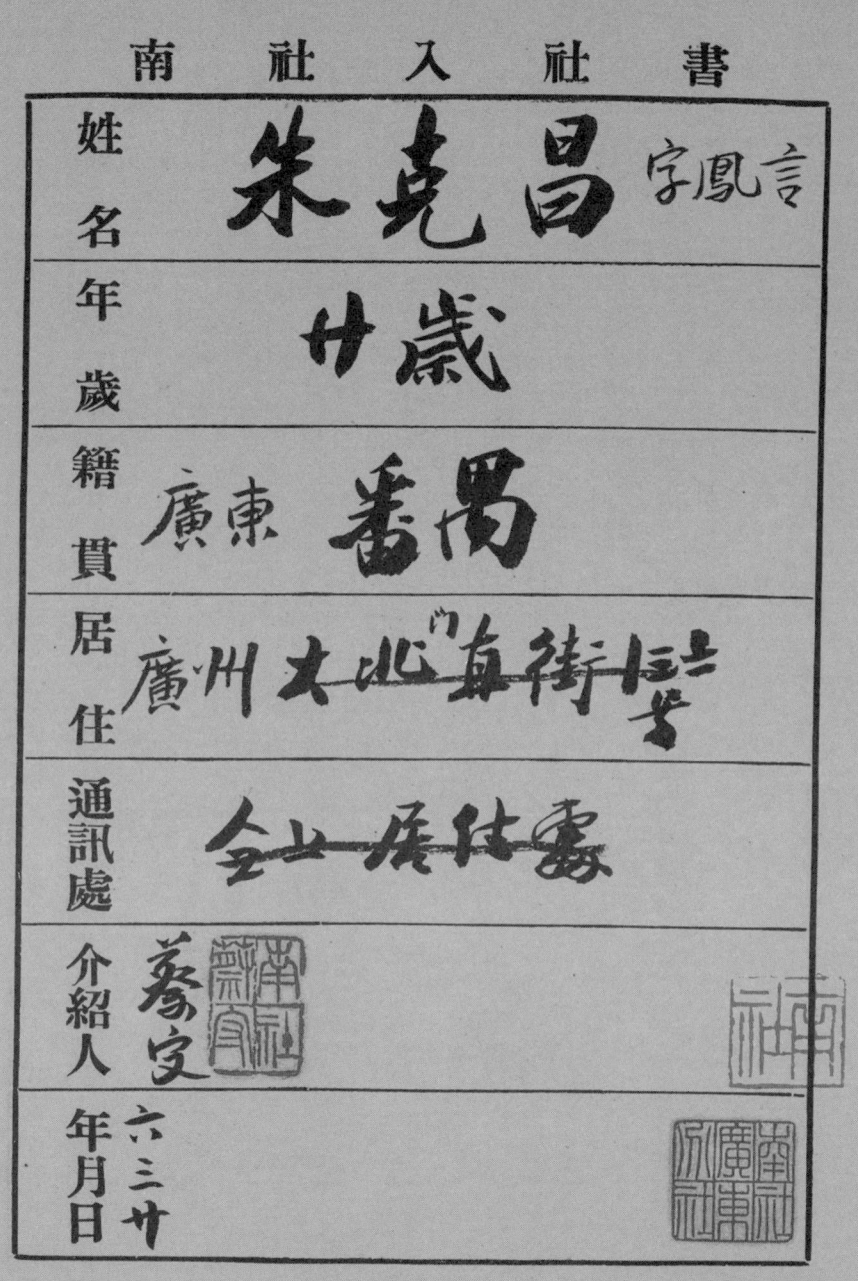

南社入社書

姓名	朱亮昌 字鳳言
年歲	廿歲
籍貫	廣東番禺
居住	廣州大北直街十三號
通訊處	全山廬仕壽
介紹人	蔡守
年月日	六三廿

0844. 淩鴻年

0844. 淩鴻年（1879—1962），字去愚，廣東番禺（今廣州市番禺區）人。1917年3月23日由蔡哲夫介紹入社，入社書編號844。1900年留學日本，在日期間加入中國同盟會。1919年出任廣東省員警廳廳長。新中國成立後曾任番禺市政協委員。

南社入社書

姓名	凌鴻年 字玄愚
年歲	三十八歲
籍貫	廣東番禺知
居住	廣州 ~~正南街第六號~~
通訊處	同上
介紹人	蔡守
年月日	民國六年三月廿一

0845. 馮斯欒

0845. 馮斯欒（1883—？），字樂天，廣東鶴山人。1917年3月24日由黃青海、蔡哲夫介紹入社，入社書編號845。早年參加興中會。在東京與馮自由等創辦《開智錄》。1901年春與馮自由等成立廣東獨立協會。

南社入社書

姓名	馮斯欒 字樂天
年歲	三十五歲
籍貫	鶴山縣
居住	仝下
通訊處	廣州太平沙廿一號
介紹人	黃青海
年月日	六年三月廿四日

0846. 張開儒

0846. 張開儒（1879—1935），字藻林，雲南巧家人。1917年3月25日由蔡哲夫介紹入社，入社書編號846。1904年留學日本振武學校。1905年在東京加入中國同盟會。後入日本士官學校步兵科。1908年任雲南陸軍講武堂教官。1915年護國戰爭爆發後，歷任護國軍第二軍第一梯團長，護國軍滇軍第三師師長，駐粵滇軍第五軍軍長、總司令，護法軍政府陸軍部總長、大元帥府大本營參謀總長等職。

南社社友錄

南 社 入 社 書	
姓名	張開儒 字蓀林
年歲	三十九歲
籍貫	雲南省巧家縣
居住	常在韶州城鎮守使署現住部前街雲南會館
通訊處	韶州城鎮守使署
介紹人	陸孟飛
年月日	民國六年三月廿五號